Intervenções grupais na saúde

Dados Internacionais de Catalogação na Publicação (CIP)
(Câmara Brasileira do Livro, SP, Brasil)

Intervenções grupais na saúde / Heloisa Junqueira Fleury, Marlene Magnabosco Marra (orgs.). – São Paulo : Ágora, 2005. – (Intervenções grupais)

Vários autores.
Bibliografia.
ISBN 85-7183-006-1

1. Intervenções (Psicologia) 2. Psicodrama 3. Psicodrama de grupo 4. Saúde – Promoção 5. Sociodrama I. Fleury, Heloisa Junqueira. II. Marra, Marlene Magnabosco. III. Série.

05-6316 CDD-150.198

Índice para catálogo sistemático:

1. Intervenções grupais: Psicodrama : Método psicanalítico : Psicologia 150.198

Intervenções grupais na saúde

Heloisa Junqueira Fleury
Marlene Magnabosco Marra
(orgs.)

EDITORA
ÁGORA

Capa: **Brasil Verde - BVDA**
Diagramação e fotolitos: **All Print**

Editora Ágora
Departamento editorial:
Rua Itapicuru, 613 – 7º andar
05006-000 – São Paulo – SP
Tel.: (11) 3872-3322
Fax: (11) 3872-7476
http://www.editoraagora.com.br
e-mail: agora@editoraagora.com.br

Atendimento ao consumidor:
Summus Editorial
Tel.: (11) 3865-9890

Vendas por atacado:
Tel.: (11) 3873-8638
Fax: (11) 3873-7085
e-mail: vendas@summus.com.br

Impresso no Brasil

Sumário

Apresentação 7

Introdução 13

1. Psicologia clínica e psicologia social comunitária: um espaço de diálogo e construção de saberes e fazeres 17
   Liana Fortunato Costa
   Shyrlene Nunes Brandão

2. Divórcio ou separação parental – sociodrama como intervenção nos períodos de transição e crise 35
   Rosalba Filipini

3. Uma proposta psicoterápica para a mulher climatérica.. 53
   Heloisa Junqueira Fleury
   Carmita Helena Najjar Abdo

4. A violência no palco sociodramático: o drama que não silencia 73
   Fernanda Siqueira Ribeiro
   Patrícia Oliveira Lira
   Suely Emilia de Barros Santos

5. Um resgate do corpo e da identidade grupal em situações traumáticas no trabalho 95
   Arlete Portella Fontes

6. Refeição psicodramática: a obesidade em cena – a psicoterapia psicodramática na superação da obesidade.. 111
   Ana Cristina Benevides Pinto

Apresentação

HELOISA JUNQUEIRA FLEURY

Os novos paradigmas de saúde preconizam eficiência na busca de melhores condições de vida, utilizando todos os recursos materiais, culturais, sociais e psicológicos disponíveis. Criaram a necessidade de metodologias eficazes e efetivas para, além de oferecer tratamento psicoterapêutico, promover a saúde social.

Durante o período em que acompanhei o movimento psicodramático no papel de presidente da Federação Brasileira de Psicodrama (Febrap), nas gestões 1999/2000 e 2001/2002, constatei que uma das maiores oportunidades criadas por essa realidade foi a demanda crescente da sociedade por intervenções psicossociais e metodologias adequadas para a potencialização dos recursos pessoais e coletivos. Os anos seguintes confirmaram que o Brasil, que tem proporções continentais, precisa de especialistas para o trabalho com grupos, favorecendo um processo contínuo de aprimoramento dos profissionais, das comunidades e das instituições públicas e privadas, em todos os contextos em que os cidadãos possam beneficiar-se da experiência do encontro.

Em nosso país, várias gerações de psicodramatistas contribuíram para que o psicodrama assumisse uma feição brasileira. Esses profissionais marcaram presença, ousaram, criaram espaços para novos encontros e parcerias, segundo um paradigma de cooperação, desenvolvendo e aprimorando a teoria e a metodologia socionômicas. O reconhecimento desse campo de trabalho potencial, ainda em 2000, levou a Febrap a iniciar estudos para apoiar institucionalmente a expressiva rede nacional de psicodramatistas capacitados para trabalhar com esse novo referencial paradigmático voltado para a saúde.

Ao organizarmos esta coleção, Marlene Marra e eu demos seqüência a essa tendência, propondo-nos dar visibilidade a algumas das experiências desenvolvidas em diferentes regiões do país. Neste exemplar, optamos por contextualizar a saúde social por meio de uma reflexão sobre o potencial das redes sociais e dos novos olhares da psicologia social comunitária.

Moreno (1993, p. 88) referiu-se aos grupos homogêneos, afirmando que essa estrutura de grupo facilita o procedimento terapêutico. A experiência brasileira nos vários níveis de assistência – na saúde básica, de média e de alta complexidade, assim como na clínica pública e privada – tem confirmado tal eficácia. Os colaboradores deste *Intervenções grupais na saúde* apresentam uma ilustrativa amostra do enorme potencial dessa modalidade de intervenção.

No entanto, a confirmação da eficácia das experiências apresentadas poderá ser de outra natureza em futuro próximo. Os avanços científicos recentes têm permitido identificar as mudanças terapêuticas no funcionamento cerebral. A neurociência vem estudando memória e neuroplasticidade, vínculos e intersubjetividade. Esses estudos são de especial interesse para o psicodrama, visto que premissas básicas dos postulados morenianos, como a categoria do momento e a proposta vivencial da sua prática terapêutica, estão sendo reconhecidas como condições necessárias para um processo de transformação.

Para introduzirmos esta discussão, consideremos os cinco princípios básicos, consensuais na área, sobre a relação mente e cérebro (Kandel, 1998, p. 1): 1) os processos mentais, dos mais simples aos mais complexos, refletem funções cerebrais; 2) os determinantes genéticos contribuem para o funcionamento mental e o desenvolvimento de doenças mentais; 3) os fatores comportamentais e sociais, como a aprendizagem, influem no cérebro, podendo modificar a expressão genética e o funcionamento das células nervosas; 4) a aprendizagem pode provocar alterações nos padrões de conexões neuronais, contribuindo para a base biológica da individualidade, mas também podendo iniciar e perpetuar anormalidades comportamentais; 5) a psicoterapia leva a mudanças significativas no comportamento por meio de alterações na expressão genética, que por sua vez produzem novas mudanças estruturais no cérebro.

A moderna ciência neural cognitiva identificou, segundo Fuchs (2004), duas formas de memória: a explícita ou de procedimentos (relativa a informações conscientes, eventos e conhecimentos factuais) e a implícita (relativa a estratégias motoras e perceptuais inconscientes). A memória explícita localiza-se principalmente no lobo temporal médio, em especial no hipocampo e nas estruturas corticais conectadas, enquanto a memória implícita fica no cerebelo, no gânglio basal e na amígdala. A memória implícita e os padrões de interação no mapeamento cerebral desenvolvem-se no vínculo mãe–filho, podendo a criança extrair dessas experiências precoces (nos três ou quatro primeiros meses de vida) protótipos e regras para organizar seu comportamento interpessoal.

Assim, a memória implícita terá a função de ligar experiências desfavoráveis na infância ao relacionamento interpessoal na vida adulta, desempenhando um papel decisivo no desenvolvimento de desordens mentais.

Uma decorrência desses achados é que, no processo psicoterapêutico, uma alteração nos padrões da memória implícita depende de um padrão de vinculação terapêutica caracterizado pela emocionalidade e presentificação.

Outro achado interessante relatado por Fuchs é o sistema de espelhamento neuronal no córtex pré-motor e em outras áreas do cérebro. Neurônios espelhos são acionados tanto quando uma ação é realizada como quando uma ação semelhante é observada em outro indivíduo. Segundo esse mesmo autor, esses neurônios podem representar um sistema que combina o comportamento intencional dos outros às experiências de ação semelhante no indivíduo, criando um *link* de compreensão mútua por meio da ressonância corporal. Para Fuchs, o conceito de rede combinada de espelhamento pode ser uma base neuronal para o conceito de intercorporalidade de Merleau-Ponty, relativo a uma esfera de sensibilidade corporal e ressonância mútua que compartilhamos com outras pessoas.

Se Fuchs afirma que a eficácia psicoterapêutica pode ser aumentada pela tomada de consciência, durante a troca verbal, desses processos pré-reflexivos, acreditamos que o conceito de rede combinada de espelhamento também pode ser um importante apoio científico para o conceito moreniano de tele, fundamento de qualquer processo terapêutico psicodramático, operando no aqui e agora do relacionamento terapêutico.

A valorização da categoria do momento nos exemplos trazidos pelos colaboradores deste livro demonstra a atualidade da prática psicodramática, garantindo um padrão de vinculação fundado na experiência emocional e presentificado continuamente por intermédio da dramatização. Esse comprometimento com a transformação social tem sido a mola propulsora para os psicodramatistas das mais variadas tendências teóricas no Brasil.

Referências bibliográficas

FUCHS, T. "Neurobiology and psychotherapy: an emerging dialogue". *Current Opinion in Psychiatry*, n. 17, p. 479-85, 2004.

KANDEL, E. R. "A new intellectual framework for psychiatry". *American Journal of Psychiatry*, v. 155, n. 4, p. 457-69, 1998.

MORENO, J. L. *Psicoterapia de grupo e psicodrama*. Campinas: Psy, 1993.

Introdução

MARLENE MAGNABOSCO MARRA

As transformações socioeconômicas e tecnológicas recentes estão modificando profundamente a existência das pessoas, comunidades e organizações, oferecendo-nos perspectivas de vida jamais pensadas antes. Dispomos de uma gigantesca rede mundial de informação, que propicia uma nova realidade na dinâmica rede de comunicação entre os seres humanos. Os relacionamentos passam por mudanças e crises de conseqüências imprevisíveis. Isso tem exigido dos profissionais uma nova apreensão ética do mundo, uma verdadeira reciclagem no campo da discussão técnica e de procedimento da comunicação no processo relacional, no qual a informação é construída socialmente.

Há uma crescente demanda de metodologias que resgatem o potencial humano na busca da qualidade de vida e transformem as pessoas em líderes e multiplicadores nos diversos grupos a que pertencem. Essas novas metodologias incitam-nos a desenvolver de modo pleno a consciente responsabilidade, heterogeneidade, intersubjetividade e alteridade, valores que significam e revelam a existência e o compromisso com o que é semelhante e com a diversidade.

Para Minayo (1994), do ponto de vista antropológico, o *Homo sapiens* sempre se preocupou em conhecer a realidade, sendo necessários três ingredientes para esse conhecimento: teoria, metodologia e criatividade. Combinados, esses elementos dão continuidade à produção e à relação conhecimento–realidade de forma dialética.

Ao estruturar um pensamento científico, Moreno, o criador da sociometria, preocupou-se não só em investigar e compreender o homem em suas inter-relações como em intervir no desenvolvimento das potencialidades espontâneo-criadoras, recursos presentes em todas as pessoas. Procurou ainda pesquisar o homem como ser da ação, da relação, e criador de movimentos significativos que constituem os átomos sociais – cujas junções originam as redes sociais.

A visão sistêmica complementa o sistema, considerando que a rede social de uma pessoa é composta de diferentes relações em funcionamento. As aprendizagens influenciadas pela rede social de cada um caracterizam, assim, padrões bastante complexos e singulares de relacionamento.

A rede social de cada um corresponde ao nicho interpessoal e possibilita o reconhecimento do sujeito como pertencente àquele grupo, fornecendo a experiência individual de identidade. Na rede social, transitam as correntes afetivas e psicológicas, com tendências à atração, repulsa e indiferença (Moreno, 1992). Portanto, as redes sociais são construídas na interação dos átomos sociais, na medida em que as pessoas, ao se relacionarem, constroem inúmeras tramas de comunicação.

Os papéis sociais de cada pessoa servem para concretizar essa mobilização social e para construir a intersubjetividade. Os passos de cada um na rede social mostram o grau de estabilidade e continuidade do relacionamento. A interconexão desses elementos – papéis sociais complementares, átomo social, estabilidade dos relacionamentos – demonstra o potencial de saúde do indivíduo e dos grupos.

Rede social é uma metáfora e uma metodologia usada para a intervenção social, pois coloca-nos em contato e permite-nos falar das relações sociais. A prática de redes sociais liga-se diretamente às intervenções de prevenção. É como uma estratégia. Incentiva a promoção da saúde nas suas diferentes instâncias, uma vez que possibilita aos membros da comunidade e aos grupos tecer suas tramas, transformá-las em retramas, até constituir um tecido social continente para suas relações de confiança, seus espaços de conversação e diálogos. Trabalhar em rede é sair do instituído e criar novas formas de expressão, de pensamento (Marra, 2004).

Nesse contexto, o grupo constitui-se como específico e garante o pertencimento de seus membros, confirmando-os como sujeitos autônomos. Assim, essa modalidade participativa pode favorecer a resolução de problemas comuns, facilitando o intercâmbio e a reorganização de modos de vida cotidiana intra e extragrupal, em que todos os costumes, valores, mitos, crenças e tabus podem ser colocados, permitindo o pertencimento e a valorização de cada um, resgatando os vínculos afetivos e sociais e novas propostas de realidades alternativas.

Bateson (conforme citado por Sluzki, 1997) afirma que as fronteiras do indivíduo não se limitam à sua pele, mas incluem tudo aquilo com que o sujeito interage: família, meio físico etc. Todos os contextos fazem parte do universo relacional do indivíduo e constituem sua rede pessoal e social em constante mutação. Essa possibilidade só se presentifica em um espaço social no qual a interação é criativa e ética, levando a novas construções teóricas e novas metodologias e abordagens que tão bem contemplam esses campos legítimos de sociabilização e participação – programas mais abrangentes numa perspectiva da saúde integral, da educação preventiva, da proteção especial à criança e da promoção da cidadania. Estaríamos, assim, trabalhando para ampliar e complexificar as redes sociais, fundamentadas na busca do conhecimento transdisciplinar (Marra, 2004).

O paradigma psicodramático de Moreno propõe a transformação e expansão das redes relacionais, prioriza a ação gerada e movida pela espontaneidade e criatividade, cujo *locus* são os grupos nos quais todos são autores e atores, observadores participantes. Propõe, também, como método de comunicação, o compartilhar, a criação transformadora do protagonista e de toda sua rede social.

É na vivência da rede social, na ação e no desempenho de papéis que esse movimento criador contínuo e perene vai recebendo marcas individuais, transcrevendo uma história que perpassa o pessoal, o grupal, o social, o comunitário e vice-versa, estabelecendo a saúde nas relações.

Referências bibliográficas

MARRA, M. M. *O agente social que transforma*: o sociodrama na organização de grupos. São Paulo: Ágora, 2004.

MINAYO, M. *Pesquisa social*: teoria, método e criatividade. Petrópolis: Vozes, 1994.

MORENO, J. L. *Quem sobreviverá?* Fundamentos da sociometria, psicoterapia de grupo e sociodrama. Goiânia: Dimensão, 1992.

SLUZKI, C. *A rede social na prática sistêmica*: alternativas terapêuticas. São Paulo: Casa do Psicólogo, 1997.

1

Psicologia clínica e psicologia social comunitária: um espaço de diálogo e construção de saberes e fazeres

LIANA FORTUNATO COSTA
SHYRLENE NUNES BRANDÃO

Neste artigo, a nossa proposta é circunscrever uma categoria de intervenção de natureza clínica, mas que ocorre em contexto social mais amplo, na comunidade. Apresentaremos o conceito de clínica e de comunidade a fim de que o desenvolvimento dessa intervenção não surja da superposição ou transposição de modelos, e de modo que possibilite reformular e criar novas formas de atuação.

Nossa vivência em uma comunidade de baixa renda, na periferia de Brasília (DF), tem-nos feito refletir sobre o diálogo entre a psicologia clínica e a psicologia social comunitária.

Para esclarecer o que entendemos por clínica, recorremos a Barbier (1985, p. 45), que explica a origem da palavra: *clínica* vem do grego *kliné*, que significa "procedimento de observação direta e minuciosa". Esse autor também afirma que a clínica inclui a exploração e compreensão dos significados presentes nas ações do sujeito, bem como dos grupos de sujeitos, buscando apreender-lhes o sentido que leva a determinadas direções de relacionamentos, conflitos e decisões.

Definimos comunidade como dimensão espaço-temporal na qual os sujeitos são compreendidos com foco em suas relações, sendo constituídos por meio dessas, em constante dialética entre o individual e o coletivo. A comunidade se expressa como espaço de construção de cidadania, no qual todas as falas são legítimas (Freitas, 2000; Guareschi, 2003). Esse conceito, que pode parecer utópico, é tomado nessa perspectiva para que marque o desafio de atuarmos com o foco nas relações entre indivíduos e entre estes e a sociedade, em busca da valorização das relações comunitárias que visem ao bem comum (Ricci, 2003).

Nossa proposta é definir uma prática que revele uma epistemologia, a qual se situa nessa observação clínica, mas também é do contexto, do grupo, da família e da dimensão política, porque se passa nessa zona complementar de interação entre pessoas que são sujeitos de emoção e afeto, seres sociais por excelência.

Nos últimos quinze anos, temos trabalhado na sistematização de metodologias de intervenção clínica em contexto comunitário (Costa, 1998; Costa, 1998a; Costa, 1998/1999; Costa, 1999; Costa, 2003; Brandão, 2001; Brandão e Costa, 2003), que descrevem ações com famílias, visando intervir em seu sofrimento, e são complementares em seus paradigmas clínicos com expressão no ambiente sociocomunitário.

Entendemos que o sistema familiar propicia o âmbito dessa experiência, já que oferece conflitos de natureza pessoal (a baixa auto-estima da mãe, por exemplo), conflitos de natureza relacional (violência na interação conjugal), bem como conflitos entre os membros da família que estão vinculados à geração de renda local (adolescentes ingressando no narcotráfico).

Cremos que uma ação que estabeleça um acolhimento desses conflitos deva ser de natureza clínica, no que diz respeito à intencionalidade terapêutica, e também de natureza social, ao se considerar que as relações estão imersas na história, na economia, na política e nas instituições locais.

Concordamos com Bader Sawaia (2000), para quem o sofrimento pessoal, familiar e/ou grupal origina-se em uma história de exclusão social. Essa autora considera o sofrimento humano como ético-político, produzido por uma história de desigualdades e injustiças sociais vivenciada pelo indivíduo, mas originado nas relações intersubjetivas constituídas socialmente. Essa visão contribui para uma releitura do sofrimento não como característico do indivíduo, mas como produto de processo histórico, político, social e econômico de exclusão.

Também priorizamos o sofrimento humano, como propõe Aponte (1977) quando vê a psicologia comunitária como um programa que pretende atingir o bem-estar, a valorização e a melhora das condições de vida das pessoas, não tendo somente um enfoque sobre a saúde mental numa dimensão micropolítica, mas, sobretudo, situando esse programa nas relações grupais, familiares, comunitárias, políticas e econômicas ligadas à compreensão desse sofrimento.

Nesse aspecto, a visão de homem sócio-histórico, apresentada por autores da psicologia social comunitária e da psicologia sócio-histórica, faz-se necessária no diálogo entre a clínica e a comunidade.

A psicologia como ciência e, da mesma forma, a psicologia clínica, em seu processo de reconhecimento, construiu uma noção de fenômeno psicológico como algo interno ao homem. Bock (2002, p. 23), ao criticar essa compreensão, indica a necessidade de compreender o fenômeno psicológico "como subjetividade, concebida como algo que se constitui na relação com o mundo material e social, mundo que só existe pela atividade humana".

Essa perspectiva crítica da psicologia social apresenta também uma crítica à própria história da psicologia, que muitas vezes sustentou (e ainda sustenta) uma ideologia dominante e práticas excludentes ao naturalizar o normal, negando sua naturalização histórica, e ao culpabilizar o indivíduo pelo próprio sofrimento (Bock, 2002).

Devemos ter cuidado para não continuar ajudando as pessoas a conviver de forma mais feliz com sua condição perversa de vida, naturalizando-as. É normal que a mulher cuide dos filhos, mas isso não faz parte da sua natureza. É normal haver poucos negros nas universidades, mas isso não acontece porque eles não sejam capazes de ingressar em um curso superior. A naturalização de fenômenos sociais no indivíduo deve ser denunciada em nossa prática.

Nós, profissionais da psicologia e de outras áreas, que lidamos com o ser humano, precisamos assumir nossa responsabilidade nos processos de exclusão e estar atentos para não continuar estigmatizando e excluindo (Camino e Ismael, 2003). Para isso, precisamos continuamente de uma prática reflexiva que questione a nós mesmos e a nossa visão de mundo, para que nossas ideologias sejam evidenciadas.

Essa reflexão também está presente entre expoentes da terapia familiar, ao criticarem a atuação, principalmente com famílias pobres e/ou de culturas distintas do grupo dominante, que possibilitava muito mais um ajuste à condição de pobreza do que uma mudança efetiva da realidade (Pakman, 1998, 2003). Isso também é exemplificado pelo método da *Just Therapy*, desenvolvido por um grupo da Nova Zelândia (Waldegrave, 2001; Waldegrave e Tamasese, 2001).

Wiesenfeld (1998) propõe que os conceitos e paradigmas utilizados na psicologia comunitária estejam em constante diálogo para a produção do conhecimento. Propõe ainda que o enfoque do trabalho comunitário seja visto como uma epistemologia, influenciando desse modo outras práticas referentes a outros contextos, como o clínico.

Em nossa prática procuramos desenvolver uma circunstância de intervenção que tenha respaldo numa perspectiva sistêmica, como é debatido por Vasconcellos (2002) em sua discussão para compreender o enfoque sistêmico como principalmente contextual. Tentamos ainda desenvolver uma metodologia que ofereça saídas para o principal impasse da clínica comunitária: a falta de demanda.

Não entendemos falta de demanda como falta de pedido de ajuda. Demanda, no sentido descrito na literatura (Neuburger, 1984), refere-se a um pedido de ajuda formulado, a um sofrimento declarado e a uma sintomatologia definida. Na visão da psicossociologia, toda demanda é, ao mesmo tempo, uma demanda de objeto, endereçada a outro compreendido como capaz de supri-la, o que torna inerente a isso uma relação de poder e dominação; e uma dimensão não explícita, do plano da psicologia, que expressa um desejo, uma falta, mais difícil de ser percebida, chamada de demanda de amor (Lévy, 1994).

Na comunidade, em geral, são expressas as demandas de objeto às instituições que ali atuam, que atendem a essa finalidade. No entanto, não há escuta ao que está por trás dessa demanda concreta, que nunca é plenamente atendida por não contemplar o que está por trás dos pedidos.

O sofrimento que acompanha tais pedidos não tem a quem ser relatado, o sofrimento é lugar-comum e, assim, por que declará-lo? E os sintomas não constituem problemas. Em nossa experiência, essa demanda necessita ser vista e ouvida de outra forma. Todas as vezes que pudemos oferecer tempo, diálogo rico, disponibilidade para a relação, a demanda de amor surgiu.

Refletir sobre a natureza da demanda se faz necessário quando deparamos com uma compreensão generalizada no senso comum, e, alarmantemente, no meio acadêmico, de que as pessoas com baixa renda não têm sofrimento psíquico, mas necessidade de "encher a barriga". Nada mais ingênuo e insultuoso. Sem negarmos questões concretas de sobrevivência, consideramos errado e incompetente oferecer a essa população modos de ação que estejam ligados a valores e regras de convivência de outras classes socioeconômicas, negando-lhe o que "supomos" não ser uma *necessidade básica*.

Essa questão tem sido abordada na literatura por vários teóricos; apontamos aqui a contribuição de Marcelo Pakman (1993, 1998, 1999, 2003a), para quem o atendimento a famílias e pacientes situados em uma fronteira cultural, social e econômica diferente da nossa requer uma reflexão constante do trabalho realizado, bem como uma terapia da terapia, para se evitar práticas alienadas e alienantes. Da mesma forma, citamos o exemplo de Pedro Demo (1991), que insiste em denunciar que constantemente é dado *ao pobre o que é pobre*.

Nossa proposta de atendimento clínico comunitário busca se situar em uma zona de intersecção da psicologia clínica com a psicologia social comunitária. Objetiva superar as diversas críticas já realizadas sobre trabalhos clínicos em comunidade, que não apresentavam uma reflexão teórica, metodológica, nem epistemológica, sendo apenas a transposição de modelos de consultório para o contexto comunitário (Freitas, 1998, 2000).

Apoiadas nos pressupostos teóricos acima explicitados, apresentamos a seguir alguns elementos fundamentais para o trabalho clínico comunitário.

Enfoque nas relações

Conforme apontado anteriormente, a comunidade é definida pelos teóricos com base no conceito de relação. Consideramos fundamental que a intervenção comunitária nessa perspectiva clínica seja focada nas relações familiares, comunitárias, institucionais. Alguns trabalhos apontam para a possibilidade de intervir nas famílias de baixa renda, resgatando a auto-estima e as competências dos indivíduos, contribuindo também com a mobilização das redes sociais (Dabas, 1995).

O trabalho com grupos multifamiliares se apresenta como metodologia que alcança tais objetivos, bem como se mostra eficaz para o alívio de tensões, compartilhamento de sentimentos e ampliação da consciência sobre os problemas enfrentados e a busca de soluções (Costa, 1998, 1998a).

Procurando complementar essa proposta mais educativa e preventiva dos grupos multifamiliares, Brandão (2001) investigou a tão praticada, mas pouco estudada, visita domiciliar como estratégia de intervenção com famílias de baixa renda. Esse instrumento mostrou-se adequado para: aprofundar intervenções de questões que não são possíveis em grupo; vincular a família à instituição pela qual a visita acontece; e mobilizar as redes sociais, pois o espaço da casa em famílias de periferia não tem o aspecto privado das famílias de classe média alta. A presença constante de vizinhos não apenas indica que eles compartilham daquela realidade como também expressa uma rede de apoio da família (Brandão, 2001; Brandão e Costa, 2003).

A intervenção com base nesse enfoque é possibilitada por meio de técnicas desenvolvidas por terapeutas familiares, como a *circularização* e a *devolução*.

A *circularização* é uma técnica que visa mobilizar a fala de todos os presentes (Anderson e Goolishian, 1993; Boscolo *et al.*, 1993). Já a *devolução*, utilizada nas visitas, é uma carta que os visitadores escrevem para a família sobre o tema, com o objetivo de mostrar novas formas de pensar sobre ele, provocar a família e ampliar a sua opinião sobre o problema discutido (Ausloos, 1996; Molina-Loza, 2000a-b; Neubern *et al.*, 2000).

Em ambas as metodologias, o enfoque na mobilização das redes sociais constitui preocupação central, a fim de que possam ser incluídos, na resolução das questões que emergem, outros indivíduos e instituições da comunidade.

MOBILIZAÇÃO DA REDE SOCIAL

Rede social é um conceito que enfoca a interação humana e trata da mobilização da rede natural de contatos para o desenvolvimento e mudanças tanto individuais como familiares e para a resolução de crises na família e na comunidade. Surgiu em razão da crise de identidade da sociedade atual, com a ruptura das redes sociais de pertencimento e de segurança. Uma revisão dos processos sociais, antropológicos e econômicos nos tem mostrado um processo de migração forte, levando à desfiliação (Castel, 1994), isto é, levando a laços de pertencimento mais débeis.

Pensar "em rede" significa abandonar o paradigma de perceber a clientela como alvo único da intervenção, e o profissional como único recurso possível. Significa repensar a relação que se estabelece entre as pessoas, as famílias, os adolescentes e os profissionais que com essas pessoas trabalham. Não mais uma relação desigual de reconhecimento de competências, mas um crédito à capacidade reflexiva e gerenciadora das pessoas de criarem e gerirem seus projetos de vida.

Participar da construção da rede social é, antes de tudo, acreditar na rede de solidariedade entre pessoas e no potencial que elas têm de compartilhar os problemas e as soluções. Tentar conceituar rede social nos leva, antes, a assumir uma epistemologia (Saidón, 1995).

Para tanto, precisamos retomar alguns pensamentos básicos sobre aportes teóricos atuais que trazem grandes contribuições para as ciências humanas. Um primeiro aspecto a ser pensado é o ser humano como unidade biopsicossociocultural. Esse enfoque traz em si a idéia de não dissociar da pessoa sua impregnação cultural, seu comportamento social e sua capacidade de se adaptar ao meio.

O ser humano é resultado de sua história de relações com outras pessoas, com a família, com os grupos sociais e com a cultura. Maturana (1998) enfoca o ser humano como um ser autopoiético, isto é, possuidor de uma organização de produção de componentes que, em suas interações, constituem a rede de produções que o cria. O organismo se autoproduz. Para o autor, "[...] nós, seres vivos, somos sistemas determinados em nossa estrutura" (p. 27). Somos determinados estruturalmente, mas não predeterminados. Temos uma estrutura plástica que, em contato com o meio, muda. Somos organizados de tal forma que, quando algo ocorre conosco, nossa reação depende de nós, depende de nossa estrutura, e não de algo externo.

Outro aspecto a ser abordado é a perspectiva de ordem/desordem trazida por Morin (1995). A perspectiva de ordem, determinismo, linearidade, reducionismo é trocada por circularidade, desordem, complexidade, acaso, emergência do novo. É com base na compreensão de que a desordem é aparente e contém em si uma organização que se expressa o ciclo do desenvolvimento. Isso implica perceber a unidade na diversidade e a diversidade na unidade.

Pakman (1999) afirma que a auto-organização vem acompanhada de uma desorganização no sistema circundante. Existe uma regulação permanente do contato dessas duas forças. Assim, entendemos que os organismos, os sistemas sociais, se constituem em sistemas auto-organizadores, que produzem mudanças por meio da instalação e reinstalação de ordem e desordem sucessivamente.

Outro conceito que se agrega é o de obstáculo. O primeiro obstáculo é a experiência. Sua presença aumenta a tensão e introduz a necessidade de mudança, rompendo com a estabilidade. Há ainda a perspectiva construtivista, que entende que a realidade é fruto de uma construção social e representa uma das muitas possibilidades de construção narrativa de uma percepção.

Pensar "em rede", como diz Osvaldo Saidón (1995), constitui-se mais num plano de consistência do que numa organização, é mais um plano de imanência do que de transcendência. Por isso, pensar "em rede" traz um caminho teórico e, às vezes, prático; em outros momentos, é uma estratégia e também uma organização, é uma epistemologia e um instrumental. Não há especialista em rede, a não ser aquele que encontra um modo de fazê-la funcionar.

A rede faz sentido na medida em que entra em nossa prática, não só como pensamento mas também como promoção de acontecimentos que levem à participação e à solidariedade. Subjaz à formação de rede um resgate do ser como protagonista de sua vida e de suas relações sociais, uma transformação de pessoa-objeto em pessoa-sujeito, uma clara visualização de seus recursos emocionais e mentais, uma valorização de seus saberes, uma consciência de seu papel social. E isso diz respeito tanto ao profissional que trabalha na facilitação dessa construção como à clientela que participa do seu enriquecimento.

VINCULAÇÃO COM INSTITUIÇÕES E LÍDERES DA COMUNIDADE

É característico da intervenção psicossocial o vínculo com alguma instituição da comunidade. A instituição é, via de regra, o espaço no qual as relações comunitárias se estabelecem, sendo, assim, o contexto no qual os indivíduos apresentam suas demandas, explícitas ou implícitas. Rochael Nasciutti (2000, p. 103), apoiando-se na contribuição da psicossociologia, define instituição como "tudo aquilo que se tornou instituído, reconhecido como tendo existência materializada na vida social". Instituições são estabelecidas a partir da dinâmica social, e, dessa forma, é fundamental que a atuação comunitária se dê por meio destas.

As demandas que chegam à psicologia, de forma geral, se originam de alguma instituição – postos de saúde, escolas, centros de assistência social etc. Instituições constituídas pela organização social, como associação de moradores, ONGs e até organizações de natureza religiosa, são as portadoras iniciais dos pedidos da comunidade.

Parte-se desse pedido inicial para tentar compreender as demandas, nem sempre claras, existentes na comunidade. O profissional deve partir dessas questões, escutar o que se diz na instituição, considerando que ela é uma das instituições na qual se apresenta a demanda. Que outras dimensões do pedido existem? O que faz que aquele pedido se expresse daquela forma, naquela instituição? Qual a relação entre os integrantes da comunidade e a instituição que veicula o pedido? Qual a história da instituição naquela comunidade?

Essas questões são importantes para evitar o pensamento ingênuo de que uma instituição representa todos os integrantes da comunidade, ou a crença na eficácia de uma intervenção que não se concretize por intermédio da instituição. Esta é, pois, mediadora entre a comunidade e o profissional. O trabalho deste ocorre nesse ponto de tensão: estar submetido às regras, ao funcionamento e à dinâmica da instituição, sem sucumbir ao instituído.

Ainda nesse aspecto, a relação com instituições em comunidades de baixa renda apresenta um desafio específico: o de não atender ao caráter assistencialista que historicamente caracteriza as entidades que atuam nesse contexto.

Ação que vise à autonomia e à autogestão

O assistencialismo não caracteriza apenas a doação de produtos concretos. Há o assistencialismo afetivo e emocional que também sustenta relações de dominação (Guareschi, 2003). Essa forma de relação inviabiliza a emergência do sujeito como ator social, a potencialização da sua capacidade de refletir sobre o social e de transformar sua realidade.

Minuchin *et al.* (1999, p. 46) analisam que as famílias pobres não estão acostumadas a exercer um papel ativo na resolução de seus problemas. Isso porque as instituições sociais muitas vezes assumem as decisões em busca de proteger quem possa parecer mais frágil e/ou ameaçado, deixando de ver o sistema de forma mais ampla. Os autores argumentam que é necessário que a equipe tenha habilidades para estimular uma postura mais ativa da família, paradoxalmente, aprendendo a "trabalhar muito ao assumir um papel menos importante".

A intervenção comunitária deve permitir aos próprios membros da comunidade que desenvolvam mecanismos de ajuda, não permanecendo dependentes da intervenção efetuada. Parafraseando Pedro Demo (1991), intervenção bem-feita é aquela que se torna dispensável. Para isso, o trabalho realizado deve ser uma negociação entre profissional e comunidade, bem como precisa ser constantemente avaliado pela comunidade, estando a cargo dela a sua continuidade ou não.

Construímos essa proposta de diálogo entre a psicologia social comunitária e a psicologia clínica a fim de ressaltar no trabalho comunitário uma epistemologia clínica, visando à atenção ao sofrimento de seus integrantes. Expressamos a epistemologia como processos de produção do conhecimento (Carone, 2003) e compreendemos que esse processo deve estar ainda em construção.

Nessa proposta, o trabalho com grupos comunitários precisa não apenas considerar a questão da saúde mental, como tradicionalmente tem acontecido (Celia, 1997), mas também abordar de forma mais ampla a intervenção com essa clientela. Esse diálogo proposto aqui visa contribuir para uma intervenção que repense paradigmas e metodologias de forma a adequá-los à realidade social e econômica brasileira.

Referências bibliográficas

ANDERSON, H.; GOOLISHIAN, H. "O cliente é o especialista. Uma abordagem para terapia a partir de uma posição de não saber". *Nova Perspectiva Sistêmica*, Rio de Janeiro, ano II, n. 3, p. 8-23, 1993.

APONTE, J. F. "Clinical community and community mental health models". In: ISCOE, I.; BLOOM, B. L.; SPIELBERGER, C. D. *Community psychology in transition*. Washington: Hemisphere Publishing, 1977.

AUSLOOS, G. *A competência das famílias:* tempo, caos e processo. Lisboa: Climepsi, 1996.

BARBIER, R. *Pesquisa-ação na instituição educativa*. Rio de Janeiro: Zahar, 1985.

BOCK, A. M. B. "A psicologia sócio-histórica: uma perspectiva crítica em psicologia". In: BOCK, A. M. B.; GONÇALVES, M. G. M.; FURTADO, O. (orgs.). *Psicologia sócio-histórica:* uma perspectiva crítica em psicologia. 2 ed. São Paulo: Cortez, 2002. p. 15-35.

BOSCOLO, L. *et al*. *A terapia familiar sistêmica de Milão:* conversações sobre teoria e prática. Porto Alegre: Artes Médicas, 1993.

BRANDÃO, S. N. *Visita domiciliar:* ampliando intervenções clínicas em comunidade de baixa renda. 2001. 150 f. Dissertação (Mestrado em Psicologia Clínica) — Instituto de Psicologia, Universidade de Brasília, Brasília (DF).

BRANDÃO, S. N.; COSTA, L. F. "Visita domiciliar como proposta de intervenção comunitária". In: RIBEIRO, M. A.; COSTA, L. F. *Família e problemas na contemporaneidade:* reflexões e intervenções do Grupo Socius. Brasília: Universa, 2003.

CAMINO, L.; ISMAEL, E. "O papel da psicologia nos processos de exclusão". In: GUERRA, A. M. C. *et al*. (orgs.). *Psicologia social e direitos humanos*. Belo Horizonte: Edições Campo Social, 2003, p. 185-200.

CARONE, I. *A psicologia tem paradigmas?* São Paulo: Casa do Psicólogo/Fapesp, 2003.

CASTEL, R. "Da indigência à exclusão, a desfiliação. Precariedade do trabalho e vulnerabilidade relacional". In: LANCETTI, A. (org.). *Saúde Loucura*, n. 4, São Paulo: Hucitec, 1994, p. 21-48.

CELIA, S. "Grupos comunitários". In: ZIMMERMAN, D. M.; OSÓRIO, L. C. *Como trabalhamos com grupos*. Porto Alegre: Artes Médicas, 1997, p. 101-105.

COSTA, L. F. *E quando termina em mal me quer?* Reflexões acerca do grupo multifamiliar e da visita domiciliar como instrumentos da psicologia clínica na comunidade. Brasília: Universa, 2003.

______. "Possibilidade de criação de um contexto educativo: grupos multifamiliares". *Linhas Críticas*, Brasília, v. 4, n. 7-8, p. 159-74, 1998/1999.

______. *Reuniões multifamiliares*: uma proposta de intervenção em psicologia clínica na comunidade. 1998. 363 f. Tese (Doutorado em Psicologia Clínica) — Universidade de São Paulo, São Paulo (SP).

______. "Reuniões multifamiliares: condição de apoio, questionamento e reflexão no processo de exclusão de membros da família". *Ser Social*, Brasília, n. 3, p. 245-72, 1998a.

______. "O trabalho da psicologia clínica na comunidade através do psicodrama: a reunião multifamiliar". *Revista Brasileira de Psicodrama*, São Paulo, v. 7, n. 2, p. 17-34, 1999.

DABAS, E. N. "A intervenção em rede". *Nova Perspectiva Sistêmica*, Rio de Janeiro, 6, 3-18, 1995.

DEMO, P. "Assistência social como direito da cidadania". Brasília: Apostila, DME/SAE, 1991.

FREITAS, M. F. Q. "Novas práticas e velhos olhares em psicologia comunitária". In: SOUZA, L.; FREITAS, M. Q. F.; RODRIGUES, M. M. P. (orgs.). *Psicologia:* reflexões (im)pertinentes. São Paulo: Casa do Psicólogo, 1998, p. 83-108.

______. "Psicologia na comunidade, psicologia da comunidade e psicologia (social) comunitária: práticas da psicologia em comunidade nas décadas de 60 a 90, no Brasil". In: CAMPOS, R. H. F. (org.). *Psicologia social comunitária* — da solidariedade à autonomia. 4. ed. Petrópolis: Vozes, 2000, p. 54-80.

GUARESCHI, P. "Ética e paradigmas". In: PLONER, K. S. *et al.* (orgs.). *Ética e paradigmas na psicologia social*. Porto Alegre: Abrapsosul, 2003, p. 17-33.

LÉVY, A. "A psicossociologia: crise ou renovação?" In: MATA MACHADO, M. N. *et al.* (orgs.). *Psicossociologia.* Análise social e intervenção. Petrópolis: Vozes, 1994, p. 101-21.

MATURANA, H. *Emoções e linguagem na educação e na política*. Belo Horizonte: Editora UFMG, 1998.

MINUCHIN, P.; COLAPINTO, J.; MINUCHIN, S. *Trabalhando com famílias pobres*. Porto Alegre: Artes Médicas, 1999.

MOLINA-LOZA, C. A. *Eu não sabia... mas Clio me contou*. Narrativas Terapêuticas II. Belo Horizonte: ArteSã, 2000a.

______. *Histórias, contadas com amor, para mudar e crescer*. Narrativas Terapêuticas I. Belo Horizonte: ArteSã, 2000b.

MORIN, E. *Introdução ao pensamento complexo*. 2 ed. Lisboa: Instituto Piaget, 1995.

NASCIUTTI, J. R. "A instituição como via de acesso à comunidade". In: CAMPOS, R. H. F. (org.) *Psicologia social comunitária* — da solidariedade à autonomia. 4 ed. Petrópolis: Vozes, 2000, p. 100-26.

NEUBERN, M.; EGG, R.; GUIMARÃES, I.; MAZALI, L. & PEREIRA, M.H. *Devoluções escritas em terapia familiar: um estudo inicial*. Texto não publicado, 2000.

NEUBURGER, R. *Psychanalyse et thérapie familiale systhémique*. Paris: ESF, 1984.

PAKMAN, M. "Conhecimento disciplinar, pós-modernismo e globalização: uma chamada à 'virada reflexiva' de Donald Schön para as profissões de saúde mental". *Nova Perspectiva Sistêmica*, Rio de Janeiro, ano XII, n. 22, p. 7-45, 2003a.

______. "Desenhando terapias em saúde mental comunitária: poética e micropolítica dentro e além do consultório". *Nova Perspectiva Sistêmica*, Rio de Janeiro, ano VIII, n. 13, p. 6-25, 1999.

______. "Educação e terapia em fronteiras culturais: por práticas sociais críticas nos serviços humanos". *Nova Perspectiva Sistêmica*, Rio de Janeiro, ano VII, n. 11, p. 6-20, 1998.

______. "Elementos para una poética foersteriana en la práctica psicoterapéutica". *Sistemas Familiares y Otros Sistemas*, Buenos Aires, v. 19, n. 3, p. 49-64, 2003.

______. "Terapia familiar em contextos de pobreza, violência e dissonância étnica". *Nova Perspectiva Sistêmica*, Rio de Janeiro, n. 4, p. 8-9, 1993.

RICCI, L. "Psicologia comunitária transformativa". In: GUERRA, A. M. C. *et al.* (orgs.). *Psicologia social e direitos humanos*. Belo Horizonte: Edições Campo Social, 2003, p. 227-43.

SAIDÓN, O. "Las redes: pensar de otro modo". In: DABAS, E.; NAJMANOVICH, D. (orgs.). *Redes:* el lenguaje de los vínculos. Hacia la reconstrucción y el fortalecimiento de la sociedad civil. Buenos Aires: Paidós, 1995, p. 203-7.

SAWAIA, B. "Comunidade: a apropriação científica de um conceito tão antigo quanto a humanidade". In: CAMPOS, R. H. F. (org.). *Psicolo-*

gia social comunitária — da solidariedade à autonomia. 4. ed. Petrópolis: Vozes, 2000, p. 35-53.

VASCONCELLOS, M. J. E. *Pensamento sistêmico.* O novo paradigma da ciência. São Paulo: Papirus, 2002.

WALDEGRAVE, C. "Just Therapy com famílias e comunidades". In: GRANDESSO, M. A. (org.). *Terapia e justiça social:* respostas éticas a questões de dor em terapia. São Paulo: APTF, 2001a, p. 19-35.

WALDEGRAVE, C.; TAMASESE, K. "Algumas idéias centrais no método da Just Therapy". *Nova Perspectiva Sistêmica,* Rio de Janeiro, ano X, v. 19, p. 9-25, 2001.

WIESENFELD, E. "El construccionismo crítico: su pertinencia en la psicologia social comunitaria". *Psicologia e Sociedade,* São Paulo, v. 10, n. 2, p. 137-57, 1998.

2

Divórcio ou separação parental — sociodrama como intervenção nos períodos de transição e crise

ROSALBA FILIPINI

O modelo de família nuclear composto por pai, mãe e muitos filhos, que era comum na década de 1950, foi substituído pelas mais complexas formas familiares e de parentalidade na década de 1990. Isso significa que a separação, o divórcio e o recasamento têm se tornado uma experiência normal na vida das crianças e de seus pais.

Apesar de essa situação ser comum, o estresse do momento da separação e a dor que ele pode gerar foram bem expressados por uma das crianças do grupo de pesquisa: "Professora, este é um menino triste". Neste capítulo, apresenta-se o processo de construção, aplicação e avaliação de uma intervenção de curto prazo, que se intitulou "Grupo de apoio para crianças na situação de divórcio ou separação parental"[1], com o intuito de auxiliar crianças e pais a passar por esse processo da melhor forma possível. Esta apresentação se dará inicialmente por algumas considerações sobre a criança e sua relação com o divórcio, dado que esse assunto foi de interesse de pesquisadores desde o início do século XIX, passando por algumas transformações ao longo do tempo.

1. Dissertação de Mestrado em Psicologia Clínica, PUC, São Paulo, 2003.

DIVÓRCIO E CRIANÇAS

O divórcio cresceu drasticamente durante as décadas de 1960 e 1970 e, na década de 1980, alcançou um alto nível histórico no Brasil e no mundo. Atualmente, no Brasil, um casamento dura em média dez anos, e, em cada quatro uniões, uma chegará ao divórcio[2]. Em 1984, registraram-se 30.847 sentenças de divórcio em primeira instância, 56% das quais envolvendo filhos menores; em 1994, esses números aumentaram para 65% e em 1998 o total de casais que se divorciou com filhos menores chegou a 66.049, ou seja, 131.438 crianças e adolescentes[3] passaram pela situação de divórcio parental.

Mesmo diante desse alto índice e da conseqüência de ter-se tornado um evento comum na atualidade – atinge 47% das famílias em primeira união conjugal e 49% das em segunda ou demais uniões –, o divórcio é considerado o segundo maior evento estressante de vida na escala de Homes e Rahe (1967). Isso significa que muitos ajustes emocionais e práticos precisam ser feitos no dia-a-dia de cada um, e de forma diferente para cada membro da família.

O divórcio não é um evento em si, mas um processo de transição familiar, que também conduz à reorganização da vida afetiva, social, profissional e sexual dos pais, podendo introduzir, ao longo do tempo, novos temas de relacionamento (e rompimento) com os outros parceiros, seus possíveis filhos e familiares, bem como a possibilidade de novas uniões conjugais e/ou nascimento de irmãos. Nesse processo familiar há um período inicial de desequilíbrio associado ao

2. Dados obtidos na Comissão Econômica para a América Latina e o Caribe (Cepal), em 2002. www.eclac.cl/cgi-bin.

3. Dados obtidos no IBGE em 2002. www.sidra.ibge.gov.br.

próprio divórcio e/ou recasamento, seguido por uma possível reestabilização do novo sistema familiar.

O divórcio é essencialmente um fenômeno das camadas médias da população e a sua escalada tem introduzido também complexas questões relativas à guarda dos filhos, embora ainda haja prevalência da guarda materna.

No Brasil, os dados do Instituto Brasileiro de Geografia e Estatística (IBGE), referentes a 1998, mostraram que em 89% dos casos a guarda era materna; em 6,5%, paterna. A guarda compartilhada representava menos de 3%; os demais casos foram registrados como *outros* (avós especialmente) com 1%, e *sem declaração* 0,5%.

O divórcio de um casal com filhos menores estabelece uma situação familiar de muitas mudanças ao longo do tempo. A princípio, as circunstâncias da separação deveriam incluir diminuição do conflito familiar; porém, à medida que os vínculos parentais continuam existindo, o relacionamento com os filhos pode permanecer como um canal aberto para o desenrolar de antigos e novos conflitos, relativos à pensão, à condução da educação, aos acordos de guarda e à regulamentação de visitas.

Dessa forma, nem sempre o divórcio leva à redução do conflito familiar, e a criança precisa lidar com essa situação, bem como com outras alterações na rotina de sua vida: as relações com os pais, com a família extensa, com a situação econômica e com outros temas associados, como possíveis mudanças de residência, escola e outros serviços.

Sendo um processo marcado por tantas mudanças, a separação e o divórcio foram considerados um fator de risco para os familiares. Por isso, a criança e todos os possíveis efeitos do processo de separação sobre ela tornaram-se alvo de muitas pesquisas e discussões.

O divórcio e seus efeitos sobre a criança foram tema de estudo já na década de 1930 (Pflugh, 1936). Na verdade, o aumento do número de separações fez o interesse por essa questão crescer, sobretudo porque houve grande aumento de separações de casais com filhos menores. No entanto, foi no final da década de 1960 que as pesquisas sobre esse tema se tornaram mais efetivas. Nessa época, os trabalhos eram muito voltados para a relação de *causa e efeito*, enfocando a criança apenas como alguém extremamente frágil diante da situação do divórcio parental.

Até a década de 1980, esse enfoque causal esteve presente em muitas pesquisas, como as que tratavam do fato de a criança viver com apenas um dos pais (família monoparental) e do desenvolvimento de algumas patologias: delinqüência; atitudes, comportamentos e papéis sexuais inadequados; problemas de aprendizagem; desajuste social etc. (Filipini, 2001). Pesquisas atuais demonstram que a criança percebe e responde ao divórcio dos pais em razão da idade, do sexo, do nível de conflito parental, do arranjo de cuidados alternativos, da personalidade e da competência individual, das redes de apoio disponíveis e de seu nível de desenvolvimento cognitivo (Hetherington e Stanley-Hagan, 1999).

A separação e o divórcio são compreendidos pela autora como um processo de transição familiar que abriga múltiplos ajustes para todos os membros da família, e as reações infantis são reconhecidas sob a perspectiva de risco e resiliência[4]. Da mesma forma que os fatores de risco estão presentes, os de proteção também estão, e é nesse contexto de variáveis que o

4. Resiliência é a habilidade de superar adversidades; em psicologia corresponde à capacidade do indivíduo de responder de forma mais consistente aos desafios e dificuldades, de reagir com flexibilidade e capacidade de recuperação diante dos desafios.

ajustamento infantil está inserto. Diante dessa perspectiva, os programas de promoção da saúde, como este trabalho de grupo de apoio, são alternativas de intervenção que até a década de 1980 eram atingidas somente pela psicoterapia, portanto, quando quadros clínicos de sofrimento e outras alterações de comportamento se instalavam nessas crianças.

O GRUPO DE APOIO

Os grupos de apoio são intervenções de promoção da saúde que têm o objetivo de aprimorar a capacidade de enfrentamento infantil nas situações de transições e crises, como nos casos de separação e divórcio parental, bem como de atuar na rede de relações que envolvem o sujeito, criando condições para a elaboração da crise da melhor forma possível. Caracterizam-se como trabalhos psicoeducacionais que possibilitam à criança conhecer melhor a situação vivida, elaborar seus sentimentos contraditórios e favorecer a comunicação pais-filhos. Assim, desenvolvem objetivos a serem atingidos em determinado prazo e com população específica, podendo ser apenas de crianças, de crianças e pais, ou apenas de pais.

Esses grupos utilizam recursos variados, e, nesse que relato, trabalhou-se em forma de sociodramas, nos quais foram empregados basicamente jogos (dramáticos, populares e criados para este trabalho), *role-playing* e outras atividades plásticas. As respostas a cada um foram diversas e possibilitaram o aquecimento e o envolvimento para o tema, além de revelar características individuais dos integrantes do grupo.

Formou-se um grupo de sete meninos de 1ª a 4ª série, estudantes de uma escola da rede pública que tinham vivido a separação parental há menos de 36 meses, porque é no período inicial pós-divórcio que pode haver um acúmulo de reações. As crianças ficam confusas, apreensivas e com muitos sentimentos que nem sempre conseguem identificar. Foi realizado na escola, com a finalidade de favorecer a diminuição do estresse, da ansiedade, do isolamento, bem como o esclarecimento da situação vivida e a elaboração de sentimentos a serem atingidos em dez encontros com as crianças (sociodramas de uma hora e meia cada um) e dois encontros com seus pais (de duas horas cada um). Além disso, contamos também com a organização de um livro-diário para as crianças que atuassem como fonte suplementar de apoio e intermediário da comunicação pais-filhos (não apresentado neste capítulo).

O trabalho com esse grupo foi realizado por meio de sociodramas, que se definem como método profundo de ação que trata de relações intergrupais e de ideologias coletivas (Moreno, 1984). O vocábulo "sociodrama" tem duas raízes: *socius* que significa o sócio/companheiro, o outro indivíduo; e *drama,* que significa ação. O sujeito de um sociodrama é o *grupo.* Este grupo tinha uma temática comum: a separação dos seus pais, e por isso estava reunido; tinha a possibilidade de identificar, elaborar e compartilhar os sentimentos que se originaram dessa experiência. Para Aguiar (1998), essa temática constitui o projeto dramático desse grupo, o roteiro para a viabilização do desejo coletivo. Segundo o autor, um projeto dramático é sempre coletivo, nunca individual; é dinâmico e pode definir-se e modificar-se gradativamente de acordo com as circunstâncias que cercam sua implementação. Assim, os dez sociodramas foram organizados com base nesse projeto dramático, contendo os temas:

1. Apresentação e integração grupal

2. Divórcio e mudanças
3. Divórcio e transformações familiares
4. Sentimentos relacionados ao divórcio: tristeza
5. Sentimentos relacionados ao divórcio: medo
6. Sentimentos relacionados ao divórcio: raiva
7. Sentimentos diante do silêncio dos pais
8. Situações do dia-a-dia: vivendo com pais separados
9. Vivendo bem num mundo em mudança
10. Fontes de apoio e encerramento do grupo

Os encontros com os pais tiveram como temas: o comportamento das crianças na situação de separação parental; e o cuidado e a educação dos filhos. Duraram duas horas cada um.

A definição dos temas foi co-construída e cada sociodrama foi direcionado ao projeto dramático do grupo, o que significa que cada uma das atividades programadas passou por modificações e/ou incorporações de outros jogos, porque o objetivo primeiro foi sempre favorecer o processo de elaboração e expressão, ora de sentimentos, ora da própria experiência de cada participante. Nesse percurso, as crianças puderam explicitar e relacionar todas as mudanças ocorridas em família.

O PROCESSO DO GRUPO

Um processamento em psicodrama pode ser realizado sob algumas vertentes. Segundo Aguiar (1998), no teatro espontâneo (modalidade de ação do autor), o processamento pode ocorrer por atuação do diretor, dos auxiliares, da unidade funcional (co-direção), do protagonista, da temática, da sociodinâmica grupal e teoricamente.

No caso deste grupo de apoio, considerou-se importante que o processamento fosse realizado por meio da sociodinâmica[5], que permite uma visão histórica sobre o grupo, compreendendo seus movimentos macro, que abrangem todo o seu período de funcionamento (os dez encontros com as crianças).

A compreensão da evolução de um grupo tem várias vertentes entre os teóricos do psicodrama. Nesse trabalho, nossa base foram os modelos desenvolvidos por Fonseca (2000) e Knobel (2000), sem necessariamente prender-se a um ou outro modelo especificamente.

Fonseca (2000) se refere a quatro fases na evolução da dinâmica dos grupos, segundo o desenvolvimento da matriz de identidade[6]:

1. Fase da indiferenciação: as pessoas não se conhecem, estão ansiosas, temem a vida grupal;
2. Fase de reconhecimento grupal: as pessoas começam a perceber-se e a perceber os outros no grupo;
3. Fase de triangulação: aparecem os triângulos grupais, freqüentemente, em relação ao coordenador; e
4. Fase de circularização/inversão: surge uma identidade grupal, o eu-eles dá lugar ao eu-nós.

5. Sociodinâmica é a ciência da estrutura dos grupos sociais, isolados ou unidos (Cukier, 2002, p. 271).
6. A matriz de identidade é a placenta social da criança, o locus em que mergulha suas raízes. Proporciona ao bebê humano segurança, orientação e guia. [...] Na fase primitiva da matriz de identidade, a criança ainda não distingue entre próximo e distante. Mas, gradualmente, o sentido de proximidade e distância vai-se desenvolvendo e a criança começa a ser atraída para pessoas e objetos ou a afastar-se deles. Este é o primeiro reflexo social – indicando o aparecimento do fator tele, e é o núcleo dos subseqüentes padrões de atração–repulsa e das emoções especializadas – por outras palavras, de forças sociais que cercam o indivíduo ulteriormente. In: Cukier, 2002.

O autor destaca que essas fases não ocorrem de forma linear, mas obedecem a um movimento em espiral, com progressos e regressos naturais e constantes. Ele realiza uma justaposição com as quatro fases apresentadas por Moreno de interação e integração progressivas[7]: 1) fase amorfa; 2) fase do conhecimento recíproco; 3) fase de ação; e 4) fase das relações mútuas.

Da mesma forma, Knobel (2000) também faz uma justaposição das fases de desenvolvimento da teoria psicodramática com as evoluções dos grupos, baseada nas três direções ou tendências de estrutura descritas por Moreno (1978) para os grupos de bebês: isolamento orgânico, diferenciação horizontal e vertical. Seguindo essas mesmas fases, Knobel as relaciona com as fases de desenvolvimento das estruturas dos grupos, ou seja: 1) momento de isolamento: centrado na identidade; 2) momento de diferenciação horizontal: apresentação das diferentes identidades; e 3) momento de diferenciação vertical: centrado na identificação. A autora ressalta que essas fases não são etapas fixas e sim momentos que existem alternada e constantemente na vida dos grupos.

No nosso grupo de apoio, a sua primeira fase é de indiferenciação (ou fase amorfa), pela obviedade de ser o primeiro encontro do grupo em que as pessoas não se conhecem, estão ansiosas e temem a vida grupal (Fonseca, 2000). Esse é um momento de isolamento, centrado na identidade de cada um de seus membros. Por isso, o objetivo desse encontro era trabalhar a integração, definir contrato de trabalho, promover um ambiente acolhedor, seguro e de apoio para a troca de experiências comuns acerca da separação. A indiferencia-

7. Essas fases são apresentadas por J. L. Moreno em seu livro *A abordagem de grupo no psicodrama*, 1993, p. 385.

ção ou momento de isolamento (Knobel, 2000) são comuns em grupos recém-formados. Neste grupo, as crianças chegaram tímidas (primeiro jogo de apresentação), não havia nenhuma discriminação de características individuais ou de papéis dentro do grupo. O esclarecimento da situação vivida foi iniciado com o desenho da família já no primeiro sociodrama, e o tema separação e divórcio emergiu no grupo mais especificamente pelo relato da história familiar. A atividade de desenho não apenas favoreceu o relato de algumas histórias, como também provocou reações (recusas, medo e tensão) que possibilitaram ao diretor compreender parte do funcionamento daquelas crianças. Por meio das histórias, surgiram os temas de dor, abandono, tristeza, raiva e medo, bem como a presença de outros fatores de risco.

Esse momento de isolamento e/ou indiferenciação manteve-se no segundo encontro, porém durante o seu desenrolar iniciou-se um processo de reconhecimento e apresentação de identidades. O objetivo desse encontro foi abordar a imprevisibilidade ambiental decorrente da separação dos pais como produtor de estresse, reconhecendo e mobilizando recursos de enfrentamento. O tema da separação dos pais mais uma vez apareceu por meio da atividade de construção coletiva da história de um personagem e auxiliou na identificação de sentimentos. Para essa atividade, utilizamos um objeto intermediário – um boneco, que funcionou como facilitador das relações e dos mecanismos de identificação. A atividade possibilitou às crianças começar a perceber-se e a perceber os outros no grupo: reconhecimento da tristeza e da raiva em resposta à dor pela separação dos pais.

Dessa forma, podemos concluir que nos dois primeiros encontros o grupo encontrava-se em sua primeira fase, cabendo ao diretor seguir alguns princípios que favoreceram o grupo a passar para a etapa seguinte. Knobel (2000) levanta algumas questões importantes para o diretor considerar nesse primeiro momento de isolamento centrado na identidade, ou seja, aquecer o grupo descrevendo e reafirmando os objetivos da atividade; definir contrato grupal; oferecer aos participantes as condições mínimas de calma e continência para que consigam lidar com seus medos e ansiedades persecutórias; levar em conta a necessidade de um primeiro momento mais introspectivo; propor exercícios introspectivos de várias naturezas (físicos, mentais ou emocionais), a partir dos quais possam existir breves contatos entre os participantes.

Levando-se em consideração esses aspectos, um diretor de grupo favorece que a ação individual ocorra e comece lentamente a se voltar para os outros. No terceiro encontro, as identidades individuais e do próprio grupo começaram a se formar: um grupo de meninos que passou pela situação de separação dos pais verificou as mudanças que isso trouxe para a sua vida, e pôde perceber que reagia às perdas com muita tristeza, raiva, medo e culpa. A impulsividade era grande; conseqüentemente, apareciam muitos comportamentos considerados negativos. Para a expressão desses comportamentos, as crianças começaram a formar pares ou trios que logo desapareceram.

No quarto encontro, a apresentação de diferentes identidades continuou se firmando. Diferentemente dos encontros anteriores, o clima foi harmônico, com pouca tensão e muita tristeza. Poder falar sobre os sentimentos que as mudanças ocasionadas pela separação trouxeram ajudou as crianças a compartilhar sua história de dor. Reconhecer a tristeza como uma reação à perda, identificar e aceitar todos os sentimentos possibilitou ao grupo o reconhecimento de si e dos outros (*eu* e *tu*). Esse foi um encontro importante para o grupo porque marcou a capacidade de enfrentamento do conflito de cada um e os recursos internos de que dispunham.

O reconhecimento grupal foi se intensificando e as identidades se esclarecendo. Nessa fase de triangulação (Fonseca, 2000) ou momento de diferenciação horizontal – apresentação das diferentes identidades para Knobel (2000) –, a autora diz que ao diretor, cuja função ainda é diretiva e centralizada, compete valorizar a diferença, a diversidade, o único; requisitar ações variadas e em diferentes papéis; possibilitar múltiplos contatos; propor atividades que aumentem a força e a segurança dos membros do grupo.

Identificar medos e preocupações, reconhecer as diferentes expressões desses sentimentos e aprender maneiras positivas de expressá-los foram temas do quinto encontro. No sexto, o tema foi como lidar com a raiva, sentimento que fora contido no segundo encontro. Nesse momento, verificou-se que o grupo já estava entrando na fase de circularização/inversão (Fonseca, 2000), ou no seu momento de diferenciação vertical: centrado na identificação (Knobel, 2000). É nessa fase que surgem os líderes e a cooperação começa a ser possível. O objetivo desse encontro foi compreender as razões pelas quais os adultos se separam, reconhecer e aceitar todos os sentimentos como certos e mutáveis, ter responsabilidade sobre seus comportamentos e desenvolvimento de estratégias de enfrentamento da raiva.

Esse momento de diferenciação vertical e circularização se estabeleceu mais efetivamente no sétimo encontro, no qual se procurou identificar os sentimentos que emergem a partir das mudanças: as coisas/situações mudam e depois retomam seu curso. Nessa etapa, a coesão do grupo já era maior.

Knobel (2000), quando trata da coesão grupal, diz que para manter seu funcionamento operativo o grupo deve ser capaz de absorver ou excluir o excesso de seus membros isolados. Tal tarefa cabe ao diretor, que deve se dedicar ativamente à integração dos novos e dos marginalizados; no entanto, quando uma pessoa não encontra seu lugar no grupo, o diretor deve ajudá-la a sair.

Nessa fase final do grupo de apoio, o clima continuou oscilando entre disputas e colaboração. No oitavo encontro, por intermédio do *role-playing*, as crianças tiveram a possibilidade de inverter o papel com os pais e ao mesmo tempo unir-se contra eles. O objetivo era reconhecer os sentimentos dos pais; aprender maneiras de comunicar preocupações; distinguir realisticamente os problemas que a criança pode ou não resolver; aumentar a confiança e auto-estima. Com exceção de uma criança, o isolamento já não existia para elas.

O papel do diretor de grupo, neste momento, segundo Knobel (2000), é promover o aparecimento de lideranças; focalizar reciprocidades e objetivos comuns; evidenciar e encaminhar divergências; promover ações baseadas nos objetivos do grupo; apontar e impedir propostas que encaminhem o grupo para posições que contrariem o contrato inicial ou os objetivos do grupo; encerrar a atividade do grupo.

Esses princípios básicos foram seguidos no grupo de apoio, e, no nono encontro, a reciprocidade pôde se evidenciar por meio de um jogo de trocas, cujo objetivo maior era fortalecer a relação grupal, além de auxiliar as crianças a reconhecer suas forças, habilidades e recursos individuais; levá-las a perceber que as mudanças podem ocorrer sempre, o que, apesar de difícil, não significa que sejam para pior. No décimo encontro, as crianças puderam trabalhar juntas na *construção da pessoa*, o que possibilitou, além da reciprocidade, a realização de um objetivo comum. Nesse encontro, encerrou-se o trabalho de grupo, buscando compreender o potencial individual de cada um, reforçar o apoio, o relacionamento grupal e a identificação de fontes de apoio (construção do átomo social).

Em síntese, por meio dos dois modelos apresentados, pode-se "compreender" o processo do grupo de apoio da seguinte forma:

- Fase de indiferenciação/momento de isolamento: centrado na identidade. As crianças não se conhecem, reagem com timidez e impulsividade às primeiras propostas de ação. Com o favorecimento da integração, vão se apresentando às demais, e o primeiro estado mais caótico é diminuído com a elucidação de algumas histórias. Um possível duplo do grupo nesse momento seria: somos filhos de pais separados e em nossa história há muita dor, reagimos impulsiva e indiscriminadamente.
- Fase de reconhecimento grupal e fase de triangulação/momento de diferenciação horizontal: apresentação das diferentes identidades. O grupo vai se diferenciando e o isolamento diminui consideravelmente, dando oportunidade à identificação e à expressão de sentimentos. O grupo de crianças já está mais discriminado e começa a desenvolver uma identidade. Outro duplo possível: nossos pais se separaram e isso trouxe muita dor e mudanças na nossa vida. Essas mudanças geraram sentimentos de raiva, tristeza e medo, predominantemente. Não sabemos lidar muito bem com esses sentimentos nem temos clareza sobre os recursos de

que dispomos para enfrentar as situações que se apresentam na vida.

- Fase da circularização-inversão/momento de diferenciação vertical: centrado na identificação. As crianças se reconhecem, surgem lideranças, identificações. O clima é de maior reciprocidade e oscila entre colaboração e disputas. Passaram a identificar sentimentos e desenvolver habilidades de enfrentamento. Reconheceram os sentimentos dos pais e puderam identificar as responsabilidades que lhes cabem. Verificaram que a família mudou e que mudanças podem ocorrer sempre, porém quando se dispõe de uma rede social e de apoio há aumento da capacidade de enfrentamento. Nessa fase, a identidade grupal se completou. Nesse momento, o duplo poderia ser: nossa família mudou; as mudanças podem ocorrer rapidamente, mas são difíceis de ser elaboradas, levam tempo e não significam necessariamente que são para pior. Agora já sabemos identificar nossos sentimentos e aprendemos um pouco sobre como expressá-los mais positivamente. Identificamos alguns recursos internos e também externos: o apoio da nossa rede social e afetiva, que nos capacita melhor a enfrentar e elaborar as situações difíceis da vida.

Instrumentos de avaliação e resultados

Para verificar os efeitos da intervenção, ou seja, possibilitar a averiguação dos seus objetivos específicos, optou-se pelo uso de seis instrumentos de avaliação de fácil aplicação e análise como pré e pós-testagem:

1. entrevista com pais;

2. desenho da família;
3. Inventário de Ansiedade Traço-Estado (Idate) – Forma C;
4. escala de estresse infantil (ESI);
5. escala de transtorno de déficit de atenção e hiperatividade (TDAH) (para professores);
6. questionário de auto-estima (SEQ) (para professores).

De forma geral, os quatro instrumentos (as escalas) apresentaram resultados coerentes com a observação dos pais (dados coletados nas entrevistas) e do diretor no decorrer do trabalho. Essas quatro escalas complementadas pelas entrevistas e pelos desenhos forneceram dados qualitativos e quantitativos a respeito da ansiedade, do estresse, das reações psicológicas com componentes depressivos, do comportamento anti-social, do desempenho e do comportamento escolar e da auto-estima. Apesar de serem escalas simples, de fácil aplicação e avaliação, apresentaram resultados fidedignos, de modo que podem ser reaplicadas em outros trabalhos.

Além dos instrumentos de avaliação, cada sociodrama foi analisado separadamente, e, no último, cada criança construiu o seu átomo social, que também foi analisado e contribuiu para os dados qualitativos do trabalho. Para encerrar o processo do trabalho, foram realizados jogos que reforçaram os vínculos no grupo e outros que favoreceram o reconhecimento de habilidades e recursos pessoais de integração.

Os jogos simbólicos propiciaram o reconhecimento e a identificação de: a) sentimentos relacionados à separação dos pais (em especial a tristeza, a raiva e o medo); b) o reconhecimento de seus recursos internos: a capacidade de conter impulsos ou expressões menos construtivas; c) a capacidade de compreender a noção de processo: as coisas/situações/sentimentos mudam.

Por meio do átomo social, em que cada criança representou a sua rede de apoio, as crianças e a direção do grupo foram a ele integrados, o que sugere que o trabalho reforçou o apoio e o relacionamento grupal. O átomo social também foi fonte de identificação das diferenças de configuração da rede social e de apoio. As crianças que incluíram mais pessoas no seu átomo foram as que mais revelaram características de resiliência, ou seja, capacidade emocional e social de adaptar-se às mudanças durante o processo. O contrário também ocorreu, isto é, rede de apoio reduzida nas crianças que são menos resilientes e têm história de relações afetivas pouco estáveis e o sentimento de não pertencer à vida familiar ou de não estar insertas nela. Dessa forma, o átomo social foi um recurso que possibilitou às crianças a identificação de fontes de apoio, constituindo para o trabalho um instrumento de identificação de capacidades individuais com base na percepção do apoio recebido.

Os resultados dos instrumentos de avaliação mostraram que as crianças se beneficiaram no grupo de apoio, considerando os seus aspectos individuais. As crianças que, durante o processo, revelaram mais capacidade de enfrentamento apresentaram resultados mais positivos, ou seja, redução da ansiedade, do estresse, de componentes depressivos, de comportamentos anti-sociais e aumento da auto-estima.

Os grupos de apoio podem ser conduzidos por profissionais da área de saúde ou educação; alguns programas incorporam, em sua coordenação, profissionais da escola. Acredita-se que um profissional da escola acrescentaria aspectos positivos, uma vez que faz parte, diariamente, do contexto infantil e pode funcionar como apoio futuro. A escola é considerada um ambiente acolhedor para o ensino, mas também uma organização social que fornece uma oportunidade para a aprendizagem dos relacionamentos. Ela pode ser um espaço afetivo, continente e acolhedor.

O grupo de apoio alcançou seus objetivos de promover a saúde, capacitando as crianças a enfrentar esse momento de crise, prosseguindo com mais recursos disponíveis e desenvolvendo outros. O livro-diário do grupo serviu como depositário de toda a experiência vivida e da *esperança* de que esse instrumento possa continuar se fazendo presente no cotidiano de cada uma das crianças e de seus pais.

Referências bibliográficas

AGUIAR, M. *Teatro espontâneo e psicodrama*. São Paulo: Ágora, 1998.

FILIPINI, R. "As crianças e o divórcio: uma revisão da literatura" (pôster). Anais do XXVIII Congresso Interamericano de Psicología. Santiago, Chile, 2001.

______. *Grupo de apoio para crianças na situação de divórcio ou separação parental*. 2003. 305 f. Dissertação (Mestrado em Psicologia Clínica) – Pontifícia Universidade Católica de São Paulo, São Paulo (SP).

FONSECA, J. *Psicoterapia da relação*: elementos de psicodrama contemporâneo. São Paulo: Ágora, 2000.

HETHERINGTON, E. M.; STANLEY-HAGAN, M. "The adjustment of children with divorced parents: a risk and resiliency perspective". *Journal Childr Psychol. Psychiat*, v. 40(1), p. 129-40, 1999.

HOLMES, T.; RAHE, R. "The social readjustment rating scale". *Journal of Psychosomatic Research*, 11, 1967.

KNOBEL, A. M. "Estratégias de direção grupal". In: FONSECA, J. *Psicoterapia da relação*. São Paulo: Ágora, 2000, p. 338-51.

MORENO, J. L. *Psicodrama*. 2 ed. São Paulo: Cultrix, 1984.

______. *Psicoterapia de grupo e psicodrama*. São Paulo: Mestre Jou, 1978.

PFLUGH, B. V. "Shattered family relationships. A study of children whose parents have separated". *Zetschrift-fuer-kinderforschung*, 45, p. 37-133, 1936.

3

Uma proposta psicoterápica para a mulher climatérica

HELOISA JUNQUEIRA FLEURY
CARMITA HELENA NAJJAR ABDO

A atividade sexual implica uma integração entre processos fisiológicos e dimensões psicológicas e sociais, incluindo nessa última categoria influências do mundo externo, de ordem sociocultural, econômica e política. Nesses processos, estão incluídas as ações hormonais com expressões mais personalizadas da vida sexual.

A transição menopáusica provoca um declínio na função sexual, segundo Dennerstein *et al.* (2002), que atribui esse comprometimento a alterações nos níveis do estradiol, além de outros fatores psicossociais e relacionais.

A vivência subjetiva da sexualidade abrange experiência relacional, intimidade psicológica e sexual, expressão de sentimentos e pensamentos, capacidade para se posicionar claramente perante o outro, o que implica, muitas vezes, equilíbrio com a própria agressividade. Estes e outros aspectos mais subjetivos poderão intensificar ou não o impacto que as alterações hormonais terão na sexualidade da mulher climatérica.

Em estudo com 1.271 mulheres e 1.296 homens com mais de 18 anos, Abdo *et al.* (2002) identificaram que a maior queixa sexual feminina é a falta de desejo sexual, ocorrendo aumento na freqüência com a idade. Assim, quase a metade das mulheres (47%) entre 41 e 60 anos apresentaram essa queixa, aumentando a freqüência para 73%, entre aquelas com idade superior a 60 anos. Na população masculina, a disfunção mais comum é a erétil, atingindo 54,9% dos homens entre 50 e 59 anos, 74,3% entre 60 e 69 anos e 76,5% com idade superior a 69 anos.

O agravamento da disfunção sexual com a idade é observado tanto na população feminina como na masculina, sugerindo ser essa condição freqüente na população em geral, acentuada após os 50 anos e provavelmente parte do cotidiano de muitos casais.

Walsh e Berman (2004) consideram a complexidade da resposta sexual feminina diferente da masculina, o que exige uma abordagem própria.

O bem-estar emocional e relacional da mulher pode ter contribuição maior ao seu prazer sexual do que sua responsividade fisiológica, visto que a intimidade com o parceiro parece ter grande influência sobre a motivação e a habilidade em identificar e responder ao estímulo sexual. Com estas considerações, recomendam a avaliação de fatores fisiológicos e psicológicos em mulheres com queixas sexuais.

Estudos têm comprovado algumas observações importantes da clínica psicoterapêutica. Entre elas, a de que homens e mulheres acima de 50 anos valorizam a preservação de sua vida sexual, ao longo do envelhecimento (Gott e Hinchliff, 2003). A sexualidade satisfatória na pós-menopausa depende da qualidade da vida (QV) sexual anterior às alterações naturais do climatério (Abdo *et al.*, 1997), o que foi confirmado por Dennerstein e Lehert (2004).

Esses pesquisadores consideraram ser a QV o melhor indicador do funcionamento sexual feminino, seguido de fatores relacionados à parceria, tais como mudanças nas condições do parceiro e nos sentimentos em relação a ele.

Evidências da alta prevalência de disfunção sexual em mulheres têm estimulado novos estudos, considerando a indicação de uma abordagem biopsicossocial (Basson, 2004). O processo biológico da resposta sexual feminina é passível de ser influenciado por fatores ambientais, medicamentos, doenças e mudanças hormonais. Fatores psicológicos podem alterar tanto os fisiológicos como a experiência da resposta sexual. Desta forma, o papel dos fármacos para aumentar o desejo, a excitabilidade, a congestão genital e diminuir a dispareunia crônica deve ser considerado sob a perspectiva do modelo biopsicossocial.

Essa recomendação foi apoiada por Bachmann e Leiblum (2004) após ampla revisão da literatura. Considerando-se a influência na sexualidade da associação entre menopausa e mudanças físicas e psicológicas, a terapia hormonal pode ter efeito benéfico no funcionamento sexual da mulher climatérica. No entanto, alguns fatores não-hormonais, provocados pelas alterações decorrentes da diminuição no nível de estrógeno circulante, podem ser muito importantes. Tais fatores (diminuição da auto-estima, da auto-imagem, da responsividade sexual e do interesse sexual) precisam ser atendidos na abordagem da mulher climatérica.

Essas constatações recomendam medidas profiláticas, por meio de um processo socioeducativo para o fortalecimento da função sexual, antes da transição menopáusica. Nesse texto, pretendemos ilustrar uma intervenção grupal direcionada aos fatores psicossocioculturais e relacionais da mulher climatérica, que se associa a uma terapêutica farmacológica personalizada, quando indicada, especialmente para aquelas com sintomatologia exuberante.

A ABORDAGEM PSICODRAMÁTICA DA SAÚDE SEXUAL

Os estudos na área da sexualidade têm evidenciado a complexidade da experiência sexual da mulher (Basson, 2001), a relevância da qualidade do relacionamento do casal (Dennerstein, 2003) e a necessidade de uma abordagem que integre aspectos biológicos, psicossociais e culturais (Abdo, 2000; Berg, 2001).

O psicodrama é uma metodologia de intervenção fundamentada em paradigma biopsicossocial das relações humanas. Essa característica, aliada ao seu caráter vivencial, tem sido particularmente valorizada na abordagem de grupos. No tratamento das disfunções sexuais, a psicoterapia de grupo tematizada e de tempo limitado, idealizada por Abdo (2000), tem sido extensivamente aplicada e comprovada no Projeto Sexualidade (ProSex) do Instituto de Psiquiatria da Faculdade de Medicina da Universidade de São Paulo.

Na promoção da saúde sexual de mulheres climatéricas, essa modalidade foi adaptada para a abordagem de questões específicas dessa etapa da vida, favorecendo a atenção aos aspectos orgânicos, psicossocioculturais e relacionais envolvidos na transição menopáusica.

O programa consta de dezesseis sessões a intervalos semanais, com duas horas de duração, caracterizando-se como grupo fechado, visto não ser permitida a entrada de novas participantes, e homogêneo, por ser constituído unicamente por mulheres climatéricas.

O processo grupal desenvolve-se em quatro etapas:

1. seleção e preparação das participantes para o processo a ser iniciado (duas a três sessões individuais e a primeira sessão grupal);

2. constituição do grupo (segunda a oitava sessão);
3. trabalho com as questões emergentes do grupo e desenvolvimento do processo grupal (nona a 15ª sessão);
4. encerramento e encaminhamento, quando necessário (última sessão).

Na primeira etapa, as participantes são entrevistadas individualmente para um diagnóstico preliminar e confirmação da indicação para um trabalho grupal. Também questões referentes ao contrato de trabalho e características próprias de um processo grupal são abordadas, visando aumentar a adesão ao trabalho a ser iniciado.

Em geral, são duas ou três sessões individuais, seguidas da primeira sessão grupal. Em razão de algumas condições específicas, essa etapa já ocorreu inteiramente na modalidade grupal, com resultados razoáveis.

Na etapa seguinte, cada sessão aborda temas específicos, favorecendo a manutenção do foco em aspectos cognitivos, psicossociais, culturais e relacionais relevantes à função sexual.

O processo grupal é instalado segundo o princípio moreniano da evolução sociogenética (Fleury, 1999): por meio da autopercepção, da percepção do outro e do contexto e da percepção da situação proposta ao grupo. Esse referencial é utilizado em cada sessão e ao longo do programa.

Busca-se também, a cada sessão, a identificação da sociodinâmica do grupo e dos conteúdos em estado inconsciente. Segundo Perazzo (1999), o grupo compartilha esses conteúdos em estado consciente e inconsciente, desde o começo da sessão, constituindo-os em importante referência nas escolhas dos temas relevantes para o grupo, na abordagem dos conflitos grupais e, principalmente, no desenvolvimento de cada uma das participantes e do grupo como um todo.

PROCESSO GRUPAL

Etapas do processo grupal	*Objetivos*	*Função do psicodramatista*
1. Seleção e preparação das participantes	Desenvolver vínculo entre cada participante e o psicodramatista Desenvolver co-responsabilidade pela criação e manutenção do grupo	Confirmar critérios de exclusão e inclusão Identificar principais padrões relacionais de cada participante Apresentar normas de funcionamento do grupo e estabelecimento do contrato Papel ativo ao nomear preocupações previsíveis com a participação no grupo (auto-exposição, vergonha, medos etc.)
2. Constituição do grupo	Criar o contexto grupal (relacional)	Criar a cultura do grupo, utilizando fatores terapêuticos como universalidade e abordando temas como confiança, necessidade de aceitação e intimidade Manter a estabilidade de participação do grupo, abordando os indícios de desistência do processo
3. Desenvolvimento	Fortalecer a coesão grupal Abordar as ansiedades envolvidas na separação com o final do grupo	Desempenhar papel menos ativo para o desenvolvimento das inter-relações no grupo
4. Encerramento	Encaminhar, quando necessário	Avaliar o aproveitamento de cada participante e do grupo

A experiência grupal também é continuamente utilizada para estimular o grupo no estabelecimento de paralelos com a sexualidade, exemplificando a sua dimensão relacional.

Na terceira etapa, as sessões abordam temas levantados pelas participantes, geralmente dirigidos para as dificuldades predominantes, relacionados à sociodinâmica do grupo ou ao aprofundamento de questões que dizem respeito à saúde sexual. Evidentemente, qualquer um dos objetivos favorece o desenvolvimento pessoal de cada uma das participantes e do grupo todo.

Nessa etapa, a questão da finalização do processo assume certa importância para o grupo. A última sessão finaliza o processo, e são feitos encaminhamentos quando necessário.

A dimensão prática de cada sessão fundamenta-se na proposta de ação dramática, característica da metodologia psicodramática. Baseia-se na filosofia do momento (Moreno, 1993), que implica a delimitação de alguns requisitos para o início de cada sessão: um espaço para se instalar – o *locus;* um tempo para se movimentar – o *status nascendi* da experiência; e um contexto de fatos para se alimentar – a *matriz.*

Nessa modalidade de intervenção, a criação do *locus* e da *matriz* do grupo é buscada na atividade inicial; o aquecimento promove a aproximação das participantes para constituírem o contexto grupal, favorecendo a intimidade necessária para o trabalho e para o levantamento e a ampliação de conteúdos abordados.

Segue-se a dramatização, em que o tema pode ter a função de iniciador, como idéias, imaginação, imagens corporais, sentimentos e outras associações, ativando a sensibilidade e a busca de novas associações (Almeida, 1993) ou de ligação com os iniciadores ideacionais pessoais, estimulando novas aproximações aos conteúdos internos (Perazzo, 1999). Nesse modelo de intervenção, o tema é trabalhado de duas formas: em algumas sessões, como uma técnica (estimulando a ampliação da pesquisa pessoal e grupal); em outras, como parte do processo de aquecimento.

O trabalho com temas que envolvem mais diretamente a construção de conhecimento, por exemplo, o reconhecimento das alterações da transição menopáusica, exige o levantamento de dados e a ampliação do conhecimento proposto. Nessas sessões, ocorre uma adaptação do método desenvolvido por Romaña (1992), que sugere o trabalho em três níveis de dramatização: nível da realidade, nível simbólico e nível da fantasia, significando a análise, a síntese e a generalização do conceito.

A etapa dos comentários possibilita a avaliação dos resultados alcançados, favorecendo a elaboração do conteúdo abordado e a criação de novos referenciais sobre o tema. Ao final de cada sessão, a diretora relembra os principais aspectos abordados, incluindo novas informações sobre o tema, se necessário, e fortalecendo a dimensão socioeducativa da experiência.

Com esse modelo, a intervenção foca tanto o grupo como cada participante, de modo que a experiência grupal também seja um instrumento de desenvolvimento da saúde sexual.

A transformação do grupo é avaliada pela aquisição de conhecimentos, pela tomada de decisões e pelo redirecionamento de posições de vida e de relacionamento sexual.

AS SESSÕES TEMÁTICAS

Esta proposta psicoterápica considera dois níveis de intervenção. O primeiro deles refere-se ao processo grupal, descrito anteriormente. O segundo refere-se aos temas selecionados a partir da identificação dos aspectos da sexualidade feminina, importantes para a saúde sexual no climatério. São eles:

1. Comunicação – intimidade psicossexual do casal

Esta sessão pretende promover a reflexão sobre a dimensão relacional da sexualidade no climatério, facilitada pela intimidade psicológica e sexual do casal.

Alguns estudos confirmam observações clínicas sobre a sexualidade humana, como a relação entre a disfunção sexual feminina e a disfunção do parceiro, caracterizada geralmente por dificuldades de ereção, ejaculação rápida ou ausente (Mimoun, 2003). Outro dado confirmado relaciona-se à importância da adaptação do casal às alterações na capacidade eretiva, na medida em que a falta de repertório sexual e de disponibilidade do casal para outras alternativas de atividade sexual pode ser um fator relacional agravante da disfunção sexual em alguns casais (Rosen, 2003). Também importante é a confirmação de que as qualidades do estímulo sexual e do contexto determinam muitas vezes a receptividade feminina para a atividade sexual (Basson, 2001).

Dennerstein (2003) sintetiza essas considerações com a observação de que as alterações hormonais, a qualidade da vida sexual anterior, a presença de sintomas desconfortáveis, o prejuízo do bem-estar, o nível de ansiedade e o tipo de relacionamento com o parceiro são fatores importantes na extensão do comprometimento da sexualidade provocado pela menopausa.

Por outro lado, Risen (2003) confirma as dificuldades comunicacionais em casais disfuncionais, observando que muitos não conversam sobre sexualidade. Além disso, tendem a comunicar de forma distorcida fatos pelo receio de corrigir o(a) parceiro(a) no relato da história sexual, assim como podem guardar pensamentos, experiências e segredos sexuais. Esta pesquisadora chama de equilíbrio sexual o balanço necessário na vida diária de um casal para lidar com o impacto da função sexual de um parceiro sobre o outro. Considera esse impacto provocado pelos padrões de desejo, excitação e orgasmo, sendo eles positivos ou problemáticos. Atribui a esse equilíbrio a mudança decorrente da troca de parceiros ou mesmo de uma experiência para outra com o mesmo parceiro.

Essas constatações indicam a importância de o casal fortalecer suas habilidades comunicacionais para desenvolver novos padrões referenciais de relacionamento sexual, visando à manutenção da sexualidade na pós-menopausa.

Mobilizado pela vivência do jogo da confiança (Abdo, 2000), neste modelo de intervenção, o grupo constrói paralelos com a sexualidade, reconhece traços psicológicos e sexuais, além dessas e de outras condições necessárias para uma vida sexual satisfatória.

2. Auto-imagem — o papel psicossocial da mulher climatérica

Esta sessão amplia o autoconhecimento das participantes, focando na auto-imagem de cada uma e nas idealizações que tendem a comprometer um bom autoconceito.

Berg (2001) identifica entre os fatores socioculturais que afetam a mulher no climatério a sua satisfação com o papel psicossocial, a qualidade de seus relacionamentos interpessoais, as atitudes perante a sexualidade e o envelhecimento, principalmente a aceitação de outras formas de expressão sexual, crenças e valores em relação à sexualidade.

Numa adaptação do jogo da fantasia (Abdo, 2000), as participantes são estimuladas durante o aquecimento para o tema. Posteriormente, o grupo trabalha com as impressões mobilizadas uma a uma nas demais, estimulando uma reavaliação das "verdades" que constroem sobre si mesmas, e que atuam como impedimentos para a otimização de seus próprios recursos.

3. Transição menopáusica — a disponibilidade pessoal para mudanças

Esta sessão amplia o auto-reconhecimento das participantes, com foco nas alterações clínicas, psicossocioculturais e relacionais do climatério (Fleury, 2004).

Romm (2003) identifica alguns desafios próprios desta etapa da vida: numa dimensão biológica, o desafio é identificar as mudanças e adaptar-se a elas na excitação sexual; numa dimensão psicológica, adaptar-se às mudanças físicas e ao impacto do envelhecimento, provocado, por exemplo, pela presença de sintomas depressivos ou pelo luto com a perda da juventude. Em termos relacionais, a manutenção ou o fortalecimento do relacionamento com o parceiro; numa dimensão sociocultural, avaliar tanto para aceitar como para rejeitar as mensagens sociais relativas à sexualidade, à aparência etc.; nessa mesma dimensão, desenvolver papéis psicossociais apropriados tanto na família como na comunidade.

Essas considerações apontam para a complexidade das adaptações intrínsecas ao climatério e vão muito além das importantes questões hormonais. Nesta sessão, o objetivo é ampliar a perspectiva de apreensão dos fatores envolvidos nas adaptações.

No aquecimento, estimula-se a reflexão sobre o tema, seguindo-se um amplo levantamento das diversas dimensões envolvidas com a construção coletiva do conceito grupal de mudança climatérica, dos principais impedimentos, do envolvimento e da disponibilidade de cada uma para adaptar-se e favorecer mudanças.

4. VÍNCULO CONJUGAL — OS PADRÕES DISFUNCIONAIS DE RELACIONAMENTO

Esta sessão amplia o autoconhecimento das participantes, identificando possíveis correlações entre suas características pessoais e as disfunções sexuais, assim como o impacto dessas características no modelo de relacionamento conjugal.

Scharff (2003) utiliza alguns referenciais de tipos de vinculação entre a mãe e a criança para o diagnóstico de padrões disfuncionais de relacionamento conjugal, baseados nas proposições de John Bowlby e ampliados depois por outros pesquisadores da área. Descreveu esses padrões como: a) seguro; b) preocupado ou ambivalente; c) resistente; d) desorganizado, desorientado ou medroso.

Esse estudioso avalia a qualidade da vinculação do casal, investigando o grau de dependência e de confiança entre eles, a facilidade para se distanciarem e os padrões que modificam ou desorganizam o relacionamento. Na medida em que relacionamentos envolvem interação sexual e vulnerabilidade, o modelo relacional da infância pode influenciar relacionamentos emocionais íntimos na vida adulta. Dessa forma, uma mulher com um padrão seguro tende a escolher um homem em condições semelhantes e os dois usufruírem com tranqüilidade do prazer erótico. Por outro lado, uma mulher com padrão de vinculação ansiosa ou cautelosa influindo no seu relacionamento sexual pode comprometer a qualidade do relacionamento com o parceiro.

A partir do jogo cego-guia (Abdo, 2000), o grupo constrói paralelos com a vinculação conjugal, com foco nos principais impedimentos para uma vivência satisfatória, aberta à resolução dos conflitos naturais da vivência a dois.

5. Função sexual feminina

Esta sessão amplia o conhecimento das participantes sobre a própria sexualidade, construindo coletivamente o conceito grupal sobre a função sexual feminina.

Os domínios considerados na avaliação da função sexual feminina – desejo, excitação, lubrificação, orgasmo, satisfação e dor (Rosen *et al.*, 2000) – são retomados como estímulo para o aprofundamento no tema.

Dennerstein *et al.* (2002) referem-se às mudanças na excitabilidade fisiológica no climatério, chamando de responsividade sexual a capacidade da mulher em acompanhar e se adaptar a essas mudanças, facilitando a observação e a atenção às nuanças fisiológicas que levam à aproximação do desejo sexual. Romm (2003) sugere a orientação do casal, visando ao desenvolvimento de estratégias para aumentar o nível de sensação e consciência da excitação, o que pode, como conseqüencia, aumentar o desejo – dois elementos da sexualidade geralmente afetados pelo climatério.

Ellison (2003) descreve alguns fatores que facilitam a resposta orgásmica, enfatizando a mudança de atenção e de consciência no início da experiência. Caracteriza a transição de um estado "separado" para um estado conectado, quando o casal ativamente incrementa a experiência de proximidade. Em relação ao climatério, refere-se às adaptações necessárias à idade e à condição física dos parceiros, como a permissão para uma construção gradual, no ritmo necessário, do aumento da tensão sexual.

Aspectos como satisfação e dor são abordados e considerados influências importantes na receptividade da mulher à experiência sexual (Basson, 2001), de modo que as experiências anteriores podem estimular ou não a mulher para uma busca deliberada do estímulo sexual, favorecendo a excitabilidade e o desejo sexual.

O desejo sexual é composto pela interação de três elementos, segundo Risen (2003): uma urgência biológica, um desejo cognitivo de envolvimento no comportamento sexual e uma disposição emocional de permitir ao próprio corpo responder à experiência sexual. Com base em uma escultura montada pelo grupo, representando a função sexual feminina (Barberá e Knappe, 1999), esses elementos são enfatizados e/ou estimulados para uma reflexão aprofundada sobre os recursos pessoais de cada uma para o fortalecimento da saúde sexual.

A AVALIAÇÃO DE RESULTADOS NO PROCESSO GRUPAL

Mudanças terapêuticas decorrem de um processo complexo, caracterizado por diversos fatores terapêuticos. Yalom (1985) identifica onze elementos interdependentes nesse processo: instilação de esperança, universalidade, compartilhamento de informação, altruísmo, revivência corretiva do grupo familiar primário, desenvolvimento de técnicas de socialização, comportamento de imitação, aprendizagem interpessoal, coesão grupal, catarse e fatores existenciais.

Muitos desses elementos estão presentes no modelo descrito. Por outro lado, pesquisas em psicoterapia mostram diferenças nos resultados obtidos por diferentes abordagens psicoterapêuticas (Piper, 2004), mas há alguns fatores terapêuticos comuns à maioria delas: um relacionamento caracterizado por uma proposta de ajuda, um conjunto de princípios ou diretrizes convincentes e um *feedback* sobre os progressos obtidos. O autor destaca a aliança terapêutica, o consenso sobre os objetivos propostos, a disponibilidade para a auto-exposição e possibilidade de desenvolvimento da coesão grupal nos atendimentos grupais como características importantes do relacionamento terapeuta-paciente.

Terapias de tempo limitado vêm sendo propostas devido às possibilidades comprovadas de benefícios para as participantes a um custo menor do que longos processos terapêuticos. Piper (2004) revisou várias pesquisas que demonstram mudanças significativas em muitos pacientes com processos que variam de oito a 26 sessões.

Revisando vários modelos de terapia de tempo limitado, Rutan e Stone (2001) identificaram em muitas delas o terapeuta com papel de professor ou de quem ajuda empaticamente. A metodologia psicodramática favorece ao terapeuta um papel mais diretivo, pela característica tematizada, ao mesmo tempo que privilegia a sociodinâmica do grupo.

A referida intervenção grupal é particularmente indicada a mulheres no início do climatério, quando os sintomas menopausais ainda são discretos, atendendo assim a uma proposta de adaptação da função sexual nesse período. Baseia-se em evidências da maior preservação da vida sexual em mulheres com bom relacionamento sexual anterior.

Também encontra respaldo na síntese apresentada por Leiblum e Wiegel (2002) a respeito dos elementos presentes no tratamento de todas as mulheres com dificuldades sexuais: educação e informações gerais sobre a sexualidade feminina, desenvolvimento da comunicação, busca do prazer sem exigências e a permissão de envolvimento em autoprazer. Segundo elas, alguns casos de experiências de trauma físico ou sexual exigem certas especificidades. O objetivo geral do tratamento deve ser predominantemente aumento do prazer e da satisfação, em relação a uma resposta genital.

O modelo descrito estimula em cada participante o desenvolvimento de suas habilidades comunicacionais e de auto-observação, assim como a proposta socioeducacional amplia o conhecimento na área, possibilitando novos recursos para lidar com a função sexual.

Conclusão

Algumas condições potencialmente desfavoráveis para a sexualidade da mulher climatérica, associadas às habilidades sexuais insuficientes, podem agravar a disfunção sexual do casal, principalmente daqueles em que a intimidade emocional e a capacidade comunicacional sejam insuficientes para lidar preventivamente com as adaptações necessárias a essa etapa da vida. Nesses casos, os fatores interpessoais tornam-se mais importantes do que os aspectos fisiológicos e hormonais, próprios do impulso sexual espontâneo.

É evidente que o desenvolvimento de novas possibilidades terapêuticas, especialmente as pesquisas comparativas sobre a atuação diferenciada dos hormônios (Romm, 2003; Dennerstein *et al.*, 2002), pode beneficiar muitas mulheres com disfunção sexual. No entanto, as evidências crescentes de cuidados, sobretudo em mulheres com muitos fatores de risco para as terapias de reposição hormonal (NAMS, 2003), estimulam a busca de alternativas que possam beneficiar todas as mulheres.

No climatério, quando processos fisiológicos e outras dimensões subjetivas da natureza da mulher sofrem alterações, intervenções grupais voltadas para a experiência biopsicossocial da sexualidade têm sido indicadas. A psicoterapia de grupo tematizada e de tempo limitado (Abdo, 2000), com metodologia psicossociodramática, tem apresentado resultados promissores, especialmente pela sua proposta socioeducacional.

As políticas públicas da saúde têm priorizado ações de promoção, proteção e recuperação da saúde familiar de forma integral e contínua. Intervenções grupais representam modalidades de escolha para a viabilização dessa proposta. Metodologias, como a descrita neste texto, com adaptações possíveis ao atendimento de populações com outras demandas específicas, podem tornar-se a escolha na promoção da saúde sexual em diversas faixas etárias.

Referências bibliográficas

ABDO, C. H. N. (org.). *Sexualidade humana e seus transtornos*. 2. ed. São Paulo: Lemos, 2000.

ABDO, C. H. N. *et al*. "Perfil sexual da população brasileira: resultados do estudo do comportamento sexual (Ecos) do brasileiro". *Rev. Bras. Med*. 2002, 59, p. 250-7.

______. "Perfil sexual da mulher no climatério". *Rev. Ginecol. Obst*. 8, p. 37-9, 1997.

ALMEIDA, W. C. "Os iniciadores". In: MONTEIRO, R. F. *Técnicas fundamentais no psicodrama*. São Paulo: Brasiliense, 1993.

BACHMANN, G. A.; LEIBLUM, S. R. "The impact of hormones on menopausal sexuality: a literature review. *Menopause*, 11(1), p. 120-30, 2004.

BARBERÁ, E. L.; KNAPPE, P. P. *A escultura na psicoterapia:* psicodrama e outras técnicas de ação. São Paulo: Ágora, 1999.

BASSON, R. "Pharmacotherapy for sexual dysfunction in women". *Expert Opin Pharmacother*, 5(5), p. 1045-59, 2004.

______. "Using a different model for female sexual response to address women's problematic low sexual desire". *J. Sex Marital Ther*, 7, p. 395-403, 2001.

BERG, J. A. "Dimensions of sexuality in the perimenopausal transition: a model for practice". *JOGNN*, 30, p. 421-8, 2001.

DENNERSTEIN, L. "The sexual impact of menopause". In: LEVINE S. B. (ed.). *Handbook of clinical sexuality for mental health professionals*. Nova York: Brunner-Routledge, 2003.

DENNERSTEIN, L.; LEHERT, P. "Modeling mid-aged women's sexual functioning: a prospective, population-based study". *J. Sex Marital Ther*, 30(3), p. 173-83, 2004.

DENNERSTEIN, L. *et al*. "Hormones, mood, sexuality, and the menopausal transition". *Fertil Steril*, 77(4) (*Suppl*), p. 42-8, 2002.

ELLISON, C. R. "Facilitating orgasmic responsiveness". In: LEVINE, S. B. (ed.). *Handbook of clinical sexuality for mental health professionals*. Nova York: Brunner-Routledge, 2003.

FLEURY, H. J. "Sexualidade: menopausa e andropausa". *Rev. Bras. Psicodrama*, 12(2), p. 85-98, 2004.

______. "As dinâmicas dos grupos e suas leis". In: ALMEIDA, W. C. (org.). *Grupos*: a proposta do psicodrama. São Paulo: Ágora, 1999.

GOTT, M.; HINCHLIFF, S. "How important is sex in later life? The view of older people". *Social Science Med*; 56, p. 1617-28, 2003.

LEIBLUM, S. R.; WIEGEL, M. "Psychotherapeutic interventions for treating female sexual dysfunction". *World J. Urol.*, 20(2), p. 127-36, 2002.

MIMOUN, S. "Ménopause, andropause et fonction sexuelle". *Gynecol. Obstet. Fertil*. 31(2), p. 141-6, 2003.

MORENO, J. L. *Psicoterapia de grupo e psicodrama*. 2. ed. Campinas: Psy, 1993.

NORTH AMERICAN MENOPAUSE SOCIETY (NAMS). "Amended report from the NAMS Advisory panel on postmenopausal hormone therapy". *Menopause*, 10, p. 6-12, 2003.

PERAZZO, S. *Fragmentos de um olhar psicodramático*. São Paulo: Ágora, 1999.

PIPER, W. E. "Implications of psychotherapy research for psychotherapy training". *Canadian Journal of Psychiatry*, 49(4), p. 221-8, 2004.

RISEN, C. B. "Listening to sexual stories". In: LEVINE, S. B. (ed.). *Handbook of clinical sexuality for mental health professionals*. Nova York: Brunner-Routledge, 2003.

ROMAÑA, M. A. Construção coletiva do conhecimento através do psicodrama. Campinas: Papirus,1992.

ROMM, J. "Sexuality during the perimenopause". *Curr. Women's Health Rep.*, 3, p. 470-4, 2003.

ROSEN, R. C. "Erectile dysfunction in middle-aged and older men". In: LEVINE, S. B. (ed.). *Handbook of clinical sexuality for mental health professionals*. Nova York: Brunner-Routledge, 2003.

ROSEN, R. *et al*. "The Female Sexual Function Index (FSFI): a multidimensional self-report instrument for the assessment of female sexual function". *J. Sex Marital Ther*, 26, p. 191-208, 2000.

RUTAN, J. S.; STONE, W. N. *Psychodynamic group psychotherapy*. 3. ed. Nova York: Guilford, 2001.

SCHARFF, D. E. "Life processes that restructure relationships". In: LEVINE, S. B. (ed.). *Handbook of clinical sexuality for mental health professionals*. Nova York: Brunner-Routledge, 2003.

WALSH, K. E.; BERMAN, J. R. "Sexual dysfunction in the older woman: an overview of the current understanding and management". *Drugs Aging*, 21(10), p. 655-75, 2004.

YALOM, B. *The theory and practice of group psychotherapy*. 3. ed. Nova York: Basic Books, 1985.

4

A VIOLÊNCIA NO PALCO SOCIODRAMÁTICO: O DRAMA QUE NÃO SILENCIA

FERNANDA SIQUEIRA RIBEIRO
PATRÍCIA OLIVEIRA LIRA
SUELY EMILIA DE BARROS SANTOS

AQUECIMENTO

1º ATO

A trajetória do trabalho apresentado neste capítulo coincide com a história de um movimento para conquistar um espaço de cuidado dos envolvidos no drama da violência intrafamiliar[1]. No ponto de partida, estão os primeiros protagonistas – direção, corpo docente e equipe técnica – expressando uma urgência de intervenção dentro de uma instituição educacional[2], cuja prática é voltada ao atendimento de crianças e adolescentes carentes da região metropolitana do Recife.

Esses profissionais, tendo em vista a elevada quantidade de crianças e adolescentes em situação de risco e as dificul-

1. Optamos por utilizar o termo "violência intrafamiliar", com base em Ferreira (2002, p. 24): "a violência intrafamiliar ocorre entre as pessoas com vínculos consangüíneos e/ou afetivos, havendo em comum o espaço doméstico".
2. Fundação da Câmara de Dirigentes Lojistas do Recife (CDL Recife), instituição privada sem fins lucrativos.

dades delas nas relações interpessoais e no processo de aprendizagem, lançaram um grito, que pode significar tanto a ruptura de um silêncio social como um apelo para que outros profissionais passem a ser co-participantes de um trabalho que viabilize uma intervenção sociopsicopedagógica com seu público-alvo.

Num universo de quase seiscentos alunos, cerca de 250 casos de maus-tratos foram identificados pelo serviço social. Esses maus-tratos variavam da falta de cuidados básicos de higiene até marcas de lesões corporais e queimaduras, feitas em família. Deteriorando ainda mais esse cenário, o cotidiano escolar era marcado por ameaças e agressões constantes entre os alunos, entre alunos e professores e demais funcionários.

A direção da escola, ao escutar a inquietação da equipe técnica e dos professores, percebeu que, sem investimentos imediatos num trabalho psicossocial, a promoção de uma educação integral ficaria comprometida.

Foi nesse cenário que as autoras passaram a integrar, nos papéis de psicólogas e supervisora clínica[3], a equipe responsável pela execução de trabalhos socioterapêuticos, cujo foco era acolher o sofrimento relacionado à violência vivida no contexto intrafamiliar.

2º ATO

Ingressar nessa realidade conduziu as autoras ao lugar de depositárias de toda a dor agonizada pela instituição na-

3. Fernanda Ribeiro e Patrícia Lira foram as psicólogas responsáveis pela elaboração e execução dessas intervenções socioterapêuticas; a psicodramatista Suely Emilia atuou como supervisora clínica no encaminhamento técnico dos trabalhos e no suporte psicoafetivo das psicólogas diretamente ligadas ao trabalho.

quele momento. Esse lugar significou o contato com inúmeras histórias de angústia, sofrimento e misérias que falavam da vivência de uma profunda intimidade com a violação tanto nos vínculos familiares como nas contingências sociais e econômicas tão presentes na degradação da cidadania dos brasileiros.

Impactadas com o sofrimento humano que tais circunstâncias provocam, as autoras perceberam como é grande a expectativa direcionada ao psicólogo num trabalho como esse, ao colocá-lo como detentor de todas as respostas.

Nossa proposta, então, configurou-se com base em três grandes desafios suscitadores de questionamentos fundamentais para a implementação das ações de intervenção.

O primeiro desafio refere-se ao lugar do psicólogo ao lidar com a violência como um mal-estar da contemporaneidade e remete aos seus limites ante as demandas que lhe chegam e de seus fazeres diante do que de fato lhe cabe.

Já o segundo desafio está relacionado com a afetação[4] do profissional ao deparar com fenômenos dessa natureza, isto é, quando o psicólogo se vê implicado numa relação com o outro que revela o aniquilamento da convivência entre os homens.

A importância de repensar saberes, discursos e atitudes configurou o terceiro desafio a ser superado, uma vez que lidar com a violência intrafamiliar contra crianças e adolescentes em camadas populares (na experiência aqui relatada) traz à tona um questionamento em torno das ideologias, dos posicionamentos (éticos/morais), dos valores e das crenças que perpassam a compreensão do fenômeno.

4. Afetação essa que remete à facticidade da condição humana, ao ser lançada no mundo, ao contato com a própria finitude e com toda a angústia que essa vivência pode suscitar (Heidegger, 2002).

Entrar em contato com essa realidade foi um convite à composição de uma clínica que se destina a dar lugar ao interdito, ao excluído e, como propõe Figueiredo (1996), a responder, de certo modo, à demanda de um habitar sereno e confiado.

A proposta do trabalho, portanto, significou a superação de cada um desses desafios para tornar viável a construção desse novo *ethos* capaz de acolher o estranho, o insuportável, o não-dito, o horror e o ódio suscitados pela violência.

Cabe ainda mencionar que Figueiredo (1996, p. 40), ao afirmar que a clínica "está comprometida com a escuta do interditado e com a sustentação das tensões e dos conflitos", estimulou a reflexão das autoras, fazendo-as romper com saberes cristalizados em suas histórias pessoais e formação profissional.

De uma proposta que a princípio estaria centrada no atendimento clínico individual, o qual é tradicionalmente enfatizado na formação acadêmica do psicólogo, as autoras foram paulatina e artesanalmente buscando, num processo de desconstrução/construção, a possibilidade de uma ampliação da atuação clínica, o que culminou na escolha de um trabalho que passou a privilegiar as intervenções grupais.

Por outro lado, houve rupturas com as verdades instituídas na própria experiência de cada uma com temas como: sexualidade, concepção de família, limites da intimidade nos vínculos familiares, modos de estabelecer disciplina na ordem familiar, valores em torno da vida e da morte, regras de convivência social, entre tantos outros.

Rangel (2003), ao relatar sua experiência no atendimento a casos de violência, reflete acerca da atitude do psicólogo ao inclinar-se para a escuta do outro. Segundo ela, a possibilidade de conseguir pontos de interseção com as narrativas dos clientes requer certo desprendimento pelas representações internas do mundo a que pertence o terapeuta. Ou seja, é imprescindível para o terapeuta a possibilidade de transitar na especificidade cultural de sua clientela, permitindo a quebra de hábitos, estratégias e juízos de valor que possam comprometer seu encontro tanto com a singularidade de seus clientes como com a própria temática da violência.

Com base nessas constatações, cada autora seguiu uma trajetória em direção à busca de si mesma, no lugar de cuidadora, à procura de modalidades de intervenções clínicas que respaldassem sua atuação.

Ação dramática

3º ato

Todas as mágoas são suportáveis
quando fazemos delas
uma história ou contamos uma
história a seu respeito.
(Isak Dimennsen. *Apud* Ferrari e Vecina, 2002, p. 271)

Na intervenção clínica realizada com as crianças e os adolescentes, utilizamos o sociodrama[5], primeiro, com o objetivo de proporcionar, de forma sistemática, um espaço de escuta e cuidado das demandas relacionadas à violência intrafamiliar; segundo, com alguns atos terapêuticos[6] com pais

5. A palavra "sociodrama" provém dos termos gregos *socius* = o sócio, a outra pessoa; e *drama* = ação. Portanto, significa "ação em benefício de outra pessoa" (Moreno, 1978, p. 411).
6. Ato terapêutico é "[...] uma intervenção destinada a investigar e buscar trabalhar o conflito proposto em uma sessão" (Golfe Júnior, 2004, p. 120).

e/ou responsáveis, para dar apoio, sensibilizar e implicar todos no trabalho e no contexto familiar/escolar.

O SOCIODRAMA COM CRIANÇAS E ADOLESCENTES

Os grupos com crianças e adolescentes eram heterogêneos quanto ao sexo, distribuídos pelas faixas etárias de 7-9 anos, 10-12 anos e 13-14 anos, tendo em média quinze participantes cada um e duração de uma hora e meia.

É importante destacar também que, ao longo do percurso dos trabalhos, algumas mudanças ocorreram na dinâmica de funcionamento da proposta. Inicialmente, os encontros eram quinzenais e as crianças/adolescentes eram convidados a participar segundo a indicação do Serviço Social. Em outro momento, passamos a realizar os encontros semanalmente e o convite foi estendido a todos os alunos mediante o oferecimento de um espaço para a abordagem do tema da violência intrafamiliar. Esse novo modelo de inclusão no grupo funcionou como a primeira expressão da quebra do silêncio tão característico na violência intrafamiliar. Essa nova configuração repercutiu no nosso modo de atuação, uma vez que, ao ser explicitado o motivo pelo qual estávamos ali – lidar com o tema da violência intrafamiliar –, pudemo-nos apropriar do lugar que ocupávamos, o que contribuiu para uma maior clareza de nossa identidade no trabalho.

Desde o início dos trabalhos ficou evidente que, embora todos os participantes vivessem uma história em comum no contexto sociofamiliar, a grande maioria dos atendidos parecia experimentar profunda dificuldade ou até mesmo impossibilidade de falar sobre as situações de violência presentes no seu cotidiano.

De qualquer modo, inserir-se no contexto grupal, por si só, já significava a quebra de um silêncio solitário e o compartilhar, mesmo que ainda calado, da trama velada que caracteriza esse tipo de violência. No trabalho de grupo, histórias eram contadas, não necessariamente verbalizadas, mas contadas e elaboradas numa espécie de campo de forças formado tanto pelas tensões, medos, angústias e desconfianças vividas, quanto pela expressão da urgência por acolhimento.

O espaço grupal se constituía, assim, como uma maneira de resolver e tornar suportáveis os diferentes movimentos de mostração do fenômeno da violência, o que vem confirmar o pensamento de Moreno (1993), quando se refere às forças do grupo como um extraordinário móvel transformador. Podemos afirmar, então, que uma das bases do sociodrama é sua capacidade de mobilizar a força que o grupo tem de cuidar de seus membros e, portanto, de si mesmo.

Nesse sentido, a proposta do sociodrama em lidar com os conflitos vinculares entre os membros do grupo, os problemas sociais e as ideologias compartilhadas, permitiu a expressão do tema da violência como um drama coletivo que pode ser falado, respeitando as singularidades de expressão de cada sujeito (Santos, 2003). Com base nisso, foi possível visualizar a força terapêutica que cada participante exercia na inter-relação grupal, reafirmando mais uma vez o posicionamento de Moreno (1993, p. 25) quanto ao princípio da interação terapêutica[7], isto é, "um paciente é o agente terapêutico dos outros. Um grupo é o agente terapêutico para os outros".

7. Moreno diz: "Chamei de princípio de interação terapêutica a esta interação em que a autonomia dos indivíduos participantes não se perde, como na massa, e em que se aproveitam suas capacidades terapêuticas" (1993, p. 25).

Para explicitar melhor a contribuição do sociodrama como modalidade interventiva no processo de desvelamento das vivências de violência intrafamiliar, seguem alguns fragmentos de sessões em um dos grupos acompanhados[8]. Estes relatos demonstram o quanto a trama da violência podia ser transformada em histórias vivenciadas no palco sociodramático, onde os participantes do grupo se sentiam protegidos para falar da sua dor, do seu medo, da sua raiva, do seu desejo de vingança, da sua necessidade de bater... E, com isso, vislumbrarem outras formas possíveis de soluções para seus conflitos, sem precisar repetir o que sofriam – a violência em suas diversas facetas, desde surras, ameaças, humilhações até abusos sexuais.

Uma primeira sessão

Todos os integrantes sabiam que o grupo iria tratar do tema da violência intrafamiliar. Começaram a falar, neste primeiro encontro, das *pisas*[9] que levavam em casa. Com base nesses relatos, surgiu a história de um pai que estava à espera do filho que chegara de madrugada em casa, desobedecendo-o. No contexto dramático, essa história passou a ser encenada com um dos integrantes do grupo no papel de filho e com o ego-auxiliar (estagiária de Psicologia) no papel de pai. Estes vivenciaram uma situação na qual o pai reagiu bruscamente à chegada do filho. Assim, foi dramatizada a grande agressão física por parte do pai que não só reclamou, mas

8. Esses relatos estão presentes no relatório das atividades do projeto "Sou cidadão e mereço respeito", apresentado por Fernanda Ribeiro ao Conselho Municipal da Criança e do Adolescente (Comdica), da Prefeitura da Cidade do Recife em fevereiro de 2004 (atividades referentes ao segundo semestre de 2003).

9. "Pisa" é um termo popular, utilizado nessa região, que significa surra, agressão física.

surrou o filho que o desobedecera. Nessa mesma cena, ao ser utilizada a técnica de inversão dos papéis[10], o público em coro gritava incentivando o pai (papel jogado por um dos participantes) a repetir a agressão com expressões do tipo: "Bate!"; "Ele merece apanhar"; "Ele desobedeceu". Coro que parecia justificar o "direito" dos pais em bater nos filhos quando estes desobedecem, e, de modo geral, esse era o entendimento muito presente nas sessões que se sucediam.

Com essa cena dramática, houve a oportunidade de focar a relação pai-filho(a), o ciclo de repetição da violência, bem como os Direitos Fundamentais da Criança e do Adolescente.

A HISTÓRIA CONTINUA EM OUTRA SESSÃO

A cena do pai que bateu no filho por ele ter chegado mais tarde em casa foi retomada pelo grupo, mas agora o pai (ego-auxiliar), que antes batia, passa a ser agredido pelo filho (integrante do grupo). Isso provoca no público uma reação: "todos se embolam de rir". A partir daí, outras soluções começam a aparecer de forma espontânea. Um policial (integrante do grupo) chega na hora em que o pai está apanhando do filho e prende o pai que reclama: "Mas eu sou o pai dele!" O policial responde: "E eu sou um oficial da lei". A história termina com o pai preso e a polícia à procura de alguém da família que proteja a criança. Outros integrantes entram em cena amparando a criança, no papel de tios que se dispõem a cuidar dela.

Aqui cabe falar do sociodrama como possibilidade de revelar conteúdos psicoafetivos relacionados à vivência da vio-

10. Essa é considerada uma das três técnicas básicas do psicodrama, juntamente com as técnicas do espelho e do duplo. Para definir a técnica de inversão de papéis, Moreno (1994, p. 218) diz que "uma forma abreviada desta técnica seria A assumir um dos 'papéis' de B e vice-versa".

lência intrafamiliar, ao mesmo tempo que dá condições de construir estratégias para resolução dos conflitos, em parceria com outro integrante do grupo que também vivencia esse drama.

Uma nova sessão e uma nova história

Desta vez, o grupo trouxe várias problemáticas que estão presentes no circuito da violência intrafamiliar, como também possibilidades de soluções que antes não eram possíveis de ser pensadas. Foram vivenciadas situações que envolveram relações de poder; o silêncio que permanece no emaranhado de histórias escondidas; a possibilidade de mudança quando se consegue falar e pedir ajuda; a coragem, para a denúncia que vai revelando outras violências; a justiça, às vezes, desacreditada, que se faz presente para cumprir o seu papel e, assim, interromper a dura realidade da violência sofrida na família.

A história vai sendo criada e dramatizada tendo o grupo como protagonista. Na cena, um menino é humilhado pelo pai por ser portador de deficiência física. Durante o conflito, o pai começa a assediá-lo sexualmente, invocando o seu suposto poder: "Eu sou seu pai e você tem que fazer o que eu mando".

Essa cena é marcada pela coragem da criança que conta à mãe o que o pai lhe fez, e a mãe, diferente de muitas situações cotidianas, tem a coragem de confrontar o pai diante do ocorrido, revelando também a violência que sofre. Com base nisso, segue-se todo o processo judicial dramatizado pelo grupo e o final aponta para a proteção da criança e a promoção de uma convivência familiar satisfatória para o seu desenvolvimento.

Vale destacar que, na etapa dos comentários, o sociodrama contribuía para o questionamento em torno das noções trazidas pelo grupo acerca dos papéis sociais e das atuações envolvidas no contexto da violência intrafamiliar, tornando possível um repensar crítico na direção da cidadania, dos Direitos Fundamentais da Criança e do Adolescente e dos Direitos Humanos.

As teias vinculares em cena – uma sessão diferente

Nesse fragmento, fica demonstrado um momento em que o grupo cria outras possibilidades de vínculos, diferentes daquelas permeadas pela violação do outro, medidas pela raiva e pelo medo. Aqui, o grupo se dá conta de que é possível atuar construindo laços de solidariedade mútua.

A diretora do sociodrama solicitou aos participantes a construção de uma imagem que simbolizasse aquele grupo. Duas imagens foram feitas. Na primeira, duas pessoas faziam o sinal de "legal" e, na outra, várias pessoas se abraçavam. A imagem do abraço foi a escolhida, simbolizando para eles a amizade, a união e o amor. Porém, apesar de ser a escolhida, gerou desconforto para o grupo, pois na imagem mostravam estar presos e sufocados. A grande discussão trouxe à tona o limite do próprio corpo e do desejo de ser abraçado ou não, de se permitir abraçar, de ser tocado apenas por alguém em quem se confiava e se escolhia. Refletiu-se, também, que o abraço que sufoca pode gerar raiva, indiferença e vergonha. Um participante do grupo revelou que não permitia a ninguém que o abraçasse[11] e outro (nesse caso, uma menina) disse que sentia raiva quando seu padrasto a abraçava. Diante de tudo isso, foi possível perceber a diferença entre o abraço invasivo e o abraço permitido.

11. Interessante assinalar que esse mesmo participante perguntou à diretora do sociodrama, ao final da sessão, o que sente uma pessoa quando é abraçada.

Ainda nessa sessão, quase todos pediram e ofereceram abraços, respeitando o desejo de ser ou não abraçado. Foi, sem dúvida, um momento significativo em que uma nova forma de estar em relação com o outro superou o que de hábito se processa pelo desrespeito, pelas agressões verbais e, muitas vezes, físicas.

O trabalho sociodramático realizado nesse contexto tem favorecido mudanças vinculares nos átomos sociais[12] de seus participantes. Nesse espaço dramático, então, mesmo que lentamente, a quebra do silêncio tornou-se viável, denúncias foram formuladas, direitos reconhecidos e por eles apropriados, projetos de vida reformulados e vínculos ressignificados.

Este, portanto, é um trabalho que permite o espaço de escuta, apoio, elaboração dos conflitos, sendo talvez uma possibilidade de essas crianças e esses adolescentes se reconhecerem como cidadãos.

O SOCIODRAMA COM OS PAIS E/OU RESPONSÁVEIS

Esta proposta buscava aproximar os pais de crianças e adolescentes (participantes dos grupos) do tema da violência intrafamiliar, promovendo um espaço significativo para a elaboração das vivências familiares, ao mesmo tempo que se discutiam as noções fundamentais sobre a educação dos filhos e os limites estabelecidos pelos Direitos Humanos e pelo Estatuto da Criança e do Adolescente.

12. O átomo social, ao ser formado por todas as pessoas com quem um sujeito está relacionado emocionalmente ou que, ao mesmo tempo, estão relacionadas com ele, expressa as configurações vinculares existentes em um grupo/comunidade, tendo uma importante função nas modificações da realidade social (Moreno, 1978).

Num ato terapêutico[13], o aquecimento do grupo teve início com o relato de uma mãe acerca de uma surra que deu na filha, chegando a distender alguns de seus dedos. A diretora propôs a formação de subgrupos para compartilharem vivências/experiências sobre suas relações com os(as) filhos(as).

Cada subgrupo de pais e/ou responsáveis, formado espontaneamente, utilizou os fantoches, no lugar do personagem que representava, para dramatizar uma cena das experiências compartilhadas. As cenas foram desenvolvidas no contexto dramático (cenário), sucessivamente, de maneira que, quando um subgrupo dramatizava, os demais se tornavam platéia.

Em uma das cenas, em dado momento, uma filha (13 anos) expressa não saber qual é o seu erro, pois é uma boa menina e, apesar disso, apanha. Começa, então, a questionar a mãe sobre as razões pelas quais apanhava e se a mãe a via como uma boa filha. A mãe não sabe dizer os motivos pelos quais bate tanto na filha. Nesse instante, uma mãe que se encontrava na platéia começou a perguntar: "Por que ela apanha tanto? Você desconta seus problemas na sua filha?"

Nesse ponto, pudemos constatar que o trabalho sociodramático, por retratar um drama coletivo, possibilita a todo o grupo ser afetado pela cena que se desenvolve no palco. Na qualidade de agente terapêutico de desvelamento, o grupo não é apenas afetado, mas também agente que cuida do sofrimento humano.

Em outra cena, dramatizou-se a história relatada no aquecimento. O momento que destacamos aqui é aquele em

13. Tal ato terapêutico foi transcrito num trabalho apresentado por Fernanda Ribeiro e Patrícia Lira na Experiência em Debate, no II Congresso Norte/Nordeste de Psicologia, realizado em Salvador (BA), em maio de 2001.

que a filha verbaliza que está com muitos problemas. Diz que não pode sair e que se chegar tarde em casa apanha. Reclama ainda que o tio é errado e é ela quem paga por isso... Enquanto ela está falando, a mãe passa a bater nela. A filha então diz: "Tá certo! Eu fiz coisa errada. Cheguei meia hora diferente do que você mandou".

Essas são descrições sumárias de duas cenas vivenciadas na ação dramática.

No compartilhamento do grupo, apareceu a dificuldade de alguns participantes ao se colocar no lugar do(a) filho(a); a sensação de estarem "acuados" quando apanham; o desconhecimento, muitas vezes, dos motivos que geram a ação de bater no(a) filho(a); o deslocamento de seus problemas, dores e dificuldades pessoais para o(a) filho(a).

Foi assim que as inquietações e, por que não dizer, as angústias humanas presentes no cotidiano da violência intrafamiliar encontraram palco que envolveu todo o público em torno desse drama coletivo. No sociodrama, a vida e o palco se misturaram, possibilitando que um mundo de horror fosse revelado, por meio da ação, promovendo reflexões sobre as relações, envolvendo principalmente os papéis sociais de mãe, de pai e de filho(a) que puderam encontrar espaço de expressão.

4º ATO

No decorrer do percurso, fomo-nos dando conta da importância de melhor integrar nossa proposta ao projeto educacional, a fim de tornar possível a implicação de todos os envolvidos nesse projeto no tema – violência intrafamiliar. Começamos a entender o quanto era fundamental desenvolver ações para ampliar as discussões sobre a violência. Passamos, então, a estender as reflexões e discussões aos professores e alunos na própria dinâmica de sala de aula. Afinal, mesmo tratando-se de um trabalho específico, acontecia dentro de uma proposta educativa mais ampla.

Foram dois os objetivos centrais a serem atingidos. O primeiro buscou a extensão dos trabalhos até o contexto pedagógico, possibilitando o alcance de um maior número de alunos e promovendo um espaço de sensibilização ao tema. Isso permitia a integração professor-aluno, criando laços de confiança e canais de informação. Desse modo, formulava-se uma alternativa para a prevenção de novos casos de violência, e os alunos eram despertados quanto às estratégias para lidarem com o fenômeno, suscitando neles noções importantes de cidadania.

O segundo objetivo foi sensibilizar o professor quanto à complexidade do tema e à importância de uma maior aproximação com seus alunos, envolvendo-o no trabalho como mais um agente terapêutico.

A modalidade de intervenção grupal que viabilizou a condução dessas atividades em sala de aula foi o psicodrama pedagógico, que, em sua metodologia, apresenta como "matriz de identidade"[14] do conhecimento as experiências dos participantes do grupo. Com isso, os alunos vão se relacionando com o tema em razão de sua pertinência vital (o que tem sentido para si e para os outros, dentro de um mesmo contexto cultural) e não apenas como discussão abstraída do cotidiano vivido por um a um.

No psicodrama pedagógico, o conhecimento se dá pela ação, implicação e relação do aluno com o grupo e com o tema a ser discutido. Moreno (1978, p. 201) afirma que esse modo de lidar com o processo de ensino-aprendizagem pro-

14. "A matriz de identidade é a placenta social da criança, o *locus* em que mergulha suas raízes" (Moreno, 1978, p. 114). Sendo assim, o termo aqui está sendo utilizado no sentido de que é na experiência compartilhada que o conhecimento é construído.

porciona "[...] um conhecimento íntimo e ativo das crianças e um forte pendor para o crescimento. Terminavam preparadas para receber mais".

Essa proposta tem permitido levar em consideração a violência do dia-a-dia, levantando o questionamento de como cada um está implicado nesse circuito, e de que modo é possível se tornar agente transformador dos vínculos que violam a integridade de um e de outro nas relações. Com base no princípio de que a educação tradicional aborda a paz, centrando-se exclusivamente nas guerras, Yus (2002) acredita ser esta uma visão bastante limitada e afirma existir algo mais profundo a ser considerado no fenômeno das guerras. Sua idéia se refere a uma atitude de violência e intolerância que aponta para as novas tendências da educação, centradas numa atitude pessoal e coletiva, diante da violência em todas as suas manifestações.

Assim, quando, na discussão suscitada em sala de aula, os conteúdos trazidos diziam respeito, por exemplo, à violência urbana, cada aluno, cada professor, no contexto grupal, era convidado a pensar na sua condição como produtor de realidade social, em sua responsabilidade na relação com o outro, nos limites necessários para conter a intolerância presente no ato de violência.

Numa das intervenções realizadas, o eixo central dos relatos girou em torno da violência em situações que vinham acontecendo na escola, no bairro, ou que os alunos tinham ouvido de outras pessoas. Daí expressões como: "Já vi um menino levar um cacete triste"; "Um homem veio com a metralhadora e bateu no outro sem ele fazer nada"; "Teve tiro quando o homem veio fazer cobrança, meu irmão viu tudo"; "Minha avó dá um tapa na cara e esquenta tudo", frases que revelavam o grau de exposição daqueles alunos à violência.

Considerando esses relatos, os recursos psicodramáticos possibilitaram a identificação dos sentimentos, das impressões e atuações diante da violência vivida direta ou indiretamente, veiculando a elaboração cognitiva e afetiva dos alunos e professores ante o fenômeno. Na utilização das técnicas de construção de imagens[15] e solilóquio[16], cada um ia se dando conta de sua própria vivência: "Estou com os nervos à flor da pele"; "Tenho vontade de estourar os miolos dele"; "Tenho vontade de sair correndo"; "Eu fico parada pra ver o que acontece; se eu me mexer, ele me mata".

Com base no relato dessas experiências, o psicodrama pedagógico, levando em conta os sentimentos suscitados pelo tema, ia viabilizando a expressão de novos modos de atuação diante da violência. Isso permitiu a elaboração cognitiva e emocional dos alunos de outros modos para lidar com as situações de violação tão presentes no seu dia-a-dia.

Um dos recursos que possibilitou uma nova resposta para a resolução dos conflitos perante uma situação cotidiana vivida pelos alunos foi a utilização, como jogo dramático[17], de uma "brincadeira" de bola de gude. Durante essa vivência, um dos participantes infringe uma das regras construídas pelo próprio grupo. Todos, então, depararam com o desafio que havia sido lançado no início do jogo, qual seja, encontrar modos diferentes de lidar com as situações emer-

15. A imagem é construída, como uma escultura, com pessoas ou objetos. É um dos recursos expressivos que permitem a manifestação das experiências.
16. No solilóquio o cliente expressa oralmente sentimentos e pensamentos ocultos que ele experimenta na situação vivenciada.
17. "O jogo dramático não é apenas aquilo que é dramatizado. Não consideramos uma brincadeira infantil de fadas ou de super-heróis como jogo dramático, embora seja jogo, haja dramatização e envolvimento com a fantasia. É preciso haver a dramatização e o compromisso dos jogadores em viver algo que os comove, que os arrebata, que os envolve num conflito" (Motta, 1994, p. 43).

gentes. Esse foi um momento em que pudemos constatar a quebra da conserva cultural[18] – repetição da violência –, embora eles tenham se sentido traídos, e em que a espontaneidade[19] se fez presente com o grupo encontrando novas formas de respostas, diferentes da habitual – a conhecida agressão física diante de uma transgressão.

Integrar o projeto de prevenção e apoio aos casos de violência intrafamiliar ao contexto da escola significou a instauração da educação para a paz como um tema transversal, seguindo-se a concepção apresentada por Yus (2002, p. 15) de que "a educação para a paz deve [...] ter um caráter transversal, não se restringindo a uma efeméride, nem tampouco ao desenvolvimento catedral de uma disciplina, mas sim impregnando o 'clima escolar'".

O autor continua seu texto chamando a atenção para a contradição existente no sistema educativo, em que grandes eventos e disciplinas isoladas remetem à problemática da paz, à revelia da violência vivida no cotidiano e em muitos outros âmbitos fora da escola, entre eles a violência intrafamiliar.

> Infelizmente, a dominância e a sobrecarga dos conteúdos acadêmicos conduziram, com freqüência, a um tratamento episódico, centrado ao máximo na celebração do Dia Mundial da Paz nas escolas, com atividades desconexas, tais como a confecção de pombas da paz de plástico, a canção *Imagine*, a marcação de pontos turbulentos nos mapas etc., sendo que depois tudo volta à rotina acadêmica. (Ibidem, p. 15)

18. Para Moreno (1978, p. 175), a conserva cultural "é a matriz, tecnológica ou não, em que uma idéia criadora é guardada para sua preservação e repetição".

19. Espontaneidade para Moreno (1993, p. 52) é "a resposta adequada a uma nova situação ou a nova resposta a uma situação antiga".

Colocar o grupo da sala de aula para pensar na violência e em si mesmo com base no psicodrama pedagógico foi a maneira pela qual buscamos que o conteúdo apreendido se tornasse, nas palavras de Moreno (1978, p. 201), "[...] parte integrante de suas vidas profundamente vinculadas a seus desejos e sonhos pessoais".

COMENTÁRIOS

5º ATO

As últimas décadas têm configurado a violência intrafamiliar contra crianças e adolescentes como um problema sociopolítico-econômico e cultural, cuja ocorrência vem atingindo índices alarmantes no cenário familiar brasileiro. Esse fenômeno mobiliza alguns segmentos da sociedade e suscita diversas ações de prevenção e enfrentamento por parte de vários agentes de políticas públicas do país.

Esse quadro evidencia o quanto a violência intrafamiliar deixou de ser "assunto de família" para ganhar lugar nas discussões e ações de políticas públicas, demonstrando que, cada vez mais, este tema deve e precisa ser cuidado num campo de repercussões muito mais amplo do que a própria casa e, quando não, a polícia e as varas de família.

É, pois, fundamental e imprescindível que todos os espaços sociais direta e indiretamente relacionados com o desenvolvimento dos mais jovens sejam implicados na prevenção do fenômeno em seus diferentes níveis de manifestação. Quanto a isso, no nosso entendimento, a escola deve ser privilegiada como um espaço social que se aproxima da intimidade do cotidiano vivido, da dinâmica familiar e dos tipos de vínculos que configuram os átomos sociais das crianças, dos adolescentes e de seus familiares. Reconhecer isso é fazer da escola um lugar de atenção à violência intrafamiliar sem descaracterizá-la em sua função social.

A experiência aqui relatada fala desse movimento como uma possibilidade. Isso pode ser constatado por intermédio dos alcances e das contribuições que o psicodrama, como modalidade de intervenção grupal, proporciona. Esse nosso olhar para a escola como um lugar de cuidado do fenômeno da violência familiar revela a nossa visão de clínica como uma atitude de ser-com, de cuidar, de inclinar-se em direção ao outro. Nas palavras de Boff (1999, p. 33): "Cuidar é mais que um ato; é uma atitude. Portanto, abrange mais que um momento de atenção, de zelo, e de desvelo. Representa uma atitude de ocupação, de preocupação, de responsabilização e de envolvimento afetivo com o outro".

Com base na história relatada aqui, destacamos aspectos que revelam alguns dos resultados alcançados durante nossa trajetória:

- os recursos sociopsicodramáticos funcionam como possibilidade de expressão das vivências relacionadas com a violência intrafamiliar, uma vez que elas remetem a conteúdos difíceis de ser verbalizados;
- no trabalho com grupos cuja problemática é a violência, o comum é que esta seja reproduzida nas relações intragrupais e que o sociodrama, por permitir o cuidado dos vínculos estabelecidos no processo grupal, funcione como possibilidade de reformulação desses vínculos;
- o trabalho grupal favorece o reconhecimento da violência intrafamiliar como um drama coletivo, permitindo a cada participante atuar como agente terapêutico;
- com as supervisões clínicas e com a metodologia psicodramática, psicólogas e estagiárias têm a oportunidade

de trabalhar suas afetações ante o fenômeno "violência intrafamiliar", diante da clientela vitimizada/vitimizadora e de todo o contexto institucional, o que permite a manutenção dessa equipe no lugar de agente terapêutico;

- com o psicodrama pedagógico, torna-se possível o esclarecimento do tema, indo além da pura transmissão de informações, implicando cada um, alunos(as), professores(as) e demais profissionais, como sujeito atravessado pelos efeitos, nesse caso, do fenômeno da violência;
- o trabalho com a violência intrafamiliar, baseado na proposta original da socionomia moreniana, reafirma o quanto é possível o exercício de uma clínica psicológica que se coloca para além dos paradigmas tradicionais fundados no indivíduo isolado e na prática de consultório. Nesse contexto educacional, a clínica passa a funcionar como espaço de acolhimento dos sujeitos em relação, compondo-se como uma clínica social;
- com base no trabalho realizado, a promoção da cidadania e dos direitos humanos tem sido efetivamente exercida, contribuindo para a formação de um senso crítico dirigido ao exercício dos papéis sociais e buscando assegurar a garantia dos direitos fundamentais da criança e do adolescente.

Esse trabalho, enfim, aponta para um redimensionamento das práticas clínicas, viabilizando o acolhimento e o cuidado de fenômenos como a violência intrafamiliar, que exigem a composição articulada de novos operadores teórico-metodológicos como também de novas modalidades terapêuticas. Esse projeto significa essa possibilidade justamente ao propor intervenções relacionadas a aspectos psicossociais no contexto escolar, que vão além do processo ensino-aprendizagem. A sua metodologia favorece a expressão da experiência de ser em relação, da força da realidade, bem como do imaginário social, presentes no palco sociodramático.

Referências bibliográficas

BOFF, Leonardo. *Saber cuidar:* ética do humano – compaixão pela terra. Petrópolis: Vozes, 1999.

FERRARI, Dalka C. A.; VECINA, Tereza C. C. *O fim do silêncio na violência familiar*: teoria e prática. São Paulo: Ágora, 2002.

FERREIRA, Kátia M. M. "Violência doméstica/intrafamiliar contra criança e adolescente – nossa realidade". In: SILVA, Lygia Maria P. da (org.). *Violência doméstica contra criança e adolescente*. Recife: Editora Universidade de Pernambuco, 2002.

FIGUEIREDO, Luiz Cláudio. *Revisitando as psicologias*: da epistemologia à ética das práticas e discursos psicológicos. São Paulo: Educ; Petrópolis: Vozes, 1996.

GOFFI JR., Fábio S. "Sessões abertas de psicoterapia: os benefícios do ponto de vista do público". *Revista Brasileira de Psicodrama*, v. 12, n. 1, p. 119-33, 2004.

HEIDEGGER, Martin. *Ser e tempo*. 12 ed. Petrópolis: Vozes, 2002.

MORENO, Jacob Levy. *Psicodrama*. São Paulo: Cultrix, 1978.

______. *Psicoterapia de grupo e psicodrama*. 2. ed. Campinas: Psy, 1993.

______. *Quem sobreviverá?* Fundamentos da sociometria, psicoterapia de grupo e sociodrama. Goiânia: Dimensão, 1994.

MOTTA, Júlia M. C. *Jogos*: repetição ou criação? São Paulo: Ágora, 1994.

RANGEL, Vilma. *et al*. "Uma estética particular da clínica". *Cadernos do Espaço Brasileiro de Estudos Psicanalíticos*, ano III, n. 3, p. 53-60, outubro de 2003.

SANTOS, Suely Emilia de B. *Sociodrama tematizado*: "O Norte/Nordeste em cena: o psicodrama recriando relações e transformando contextos". In: ENCONTRO NORTE/NORDESTE DE PSICODRAMA. 6, 2003, Recife. *Anais*. Recife: Febrap, 2003. CD-ROM.

YUS, Rafael. "Educação integral e valores da não violência". *Pátio: Revista pedagógica*. Porto Alegre: Artmed, ano VI, n. 21, p. 14-18, maio/julho 2002.

5

Um resgate do corpo e da identidade grupal em situações traumáticas no trabalho

ARLETE PORTELLA FONTES

Em minha prática com grupos em organizações, tenho utilizado a abordagem psicodramática, em que o corpo e a expressão corporal são facilitadores da ação dramática por permitirem a emergência de temas protagônicos.

A combinação entre os métodos psicodramático e da análise bioenergética tem se mostrado útil para a atuação em situações traumáticas, como as de luto e perdas e danos ocorridos no ambiente de trabalho.

A linguagem dramática, combinando corpo-movimento e palavra, quando comparada à linguagem verbal, permite compreensões muito mais integradoras e abrangentes dos conflitos que permeiam a relação homem-trabalho. Seu drama, expresso por movimentos do corpo, estampa relações de medo, desamparo, desconfiança, impotência, rigidez, depressão e até de pânico, quando as agressões o expõem a situações de perdas e danos, como é o caso de seqüestros e assaltos, antes dramas dos jornais e da TV, hoje invadindo os ambientes de trabalho, lares, bares e esquinas.

O sofrimento do trabalhador se manifesta em suas tensões, rigidez de musculatura, semblantes pouco expressivos, falta de brilho nos olhos, movimentos desarticulados, corpo sem graça e sem vitalidade.

Minhas incursões pela análise bioenergética, método desenvolvido por Alexander Lowen (1982), apoiado em William Reich (1998), mostraram que era possível ampliar o conhecimento sobre o corpo desse protagonista – o trabalhador – e compreender de que maneira esse corpo participa de relações mais ou menos espontâneas.

O corpo do trabalhador pode encontrar-se em sofrimento, quer por desconhecimento dos limites e contornos de seu papel, por conflitos entre diferentes papéis, pela rigidez imposta a seu exercício, caracterizada por desempenhos ansiosos, depressivos, limitantes, pela falta de condições adequadas a seu desempenho, implicando principalmente desgaste físico e psicológico, como é o caso das doenças relacionadas ao trabalho, entre elas as chamadas lesões por esforços repetitivos/distúrbios osteomusculares relacionados ao trabalho (LER/DORT).

Motivada por esse interesse – compreender o corpo desse protagonista – e também pelas incursões feitas no campo da saúde mental e do trabalho, tenho prestado atendimento a grupos de trabalho que passaram por acidente de trabalho grave, resultando em morte.

O trabalhador vítima de um acidente de trabalho grave ou exposto a situações de perdas e danos pode desenvolver sintomas de retraimento psicológico e social, dificuldade para controlar emoções, sobretudo a raiva e a recordação viva e intrusiva da situação e das experiências traumáticas. Essa sintomatologia caracteriza o chamado transtorno de estresse pós-traumático, descrito pela Organização Internacional do Trabalho (OIT) (Braverman, 1998). Nos estados de emoção intensa (medo, susto, raiva e terror), a sensação de *grounding*[1] – estar sobre os próprios pés – perde-se totalmente: o corpo sente-se traído, os centros corticais paralisam o peito, controlando os soluços e refreando o grito, e o padrão de respiração altera-se. Caso o organismo não seja capaz de suportar a situação ameaçadora, o corpo interrompe a sensopercepção por meio da dissociação, podendo congelar-se e ficar impotente.

Braverman (1998) apresenta os critérios para o diagnóstico do transtorno de estresse pós-traumático. São eles:

1. A pessoa experimentou, presenciou ou enfrentou acontecimentos que constituem uma ameaça à sua vida e a de outras pessoas ou à integridade física, tal como ocorre em acidentes, estupros, guerras, catástrofes etc., e responde ao acontecimento com medo intenso, impotência e horror.
2. O acontecimento traumático é reexperimentado persistentemente em sonhos, pensamentos, percepções, imagens, sentimentos recorrentes.
3. Observam-se esquiva diante dos estímulos associados ao trauma e um embotamento geral de resposta (diminuição do interesse, sensação de distanciamento dos demais, restrição de afeto etc.).
4. Aumenta a ativação do organismo: hipervigilância, irritabilidade, dificuldade de concentração, dificuldades de sono.

1. Lowen e Lowen (1985, p. 23) definem *grounding* como "[...] a sensação do contato entre os pés e chão [...] um fluxo de excitação através das pernas para os pés e chão. A pessoa está conectada com o solo e não [suspensa no ar] ou [em suspenso] [...] Num sentido mais amplo, o *grounding* representa o contato de um indivíduo com as realidades básicas de sua existência".

5. Os critérios 2, 3 e 4 devem ter duração superior a um mês.
6. Angústia significativa e alteração da atividade laboral e social.

Levine (1999) identifica quatro estágios em uma reação traumática: a hiperativação, a constrição, a dissociação e o congelamento. O organismo entra em hiperativação quando, diante de uma ameaça, observam-se aumento dos batimentos cardíacos, respiração acelerada, agitação, dificuldade para dormir, tensão, tremores musculares, agitação mental e ansiedade. Segue-se a constrição, cujo objetivo é fazer que toda atenção se dirija à ameaça. Observa-se a alteração da respiração, do tônus muscular e da postura da pessoa, que se torna hipervigilante. A hiperativação e a constrição contribuem para tornar a pessoa capaz de realizar uma tarefa que ela não executaria em condições normais. Quando a constrição não consegue direcionar a energia do organismo para defender-se, o sistema nervoso evoca outros mecanismos para conter a hiperativação, como a dissociação e o congelamento. Na dissociação, interrompe-se a sensopercepção, permitindo à pessoa poder suportar experiências que estejam além de sua capacidade de sustentação. Quando o sistema nervoso reconhece que a quantidade de energia é superior àquela que pode ser suportada pelo organismo, faz que o organismo fique completamente imobilizado e congelado, caracterizando-se a impotência.

Este capítulo relata uma experiência de atendimento de um grupo de onze trabalhadores, em sua maioria eletricistas de rede que atuam em manutenção de linhas de transmissão de energia elétrica, após sofrerem um acidente de trabalho grave, quando realizavam a retirada de cabos em uma torre de aproximadamente 20 metros de altura, situada em terreno de mangue, próximo ao mar, resultando em uma morte.

Não foram diagnosticadas ocorrências de transtorno de estresse pós-traumático após o acidente, embora fossem registrados com bastante intensidade sentimentos de medo, ansiedade, depressão e impotência, principalmente medo de voltar a subir em torres de transmissão.

Objetivos

O trabalho desenvolvido teve como objetivo criar condições para que as tensões, os sentimentos e a ansiedade decorrentes do acidente ocorrido pudessem ser expressos e elaborados, além de facilitar o resgate da auto-estima, da integridade emocional e funcional da equipe, favorecendo sua reintegração ao trabalho, depois do acidente.

A equipe de trabalho

Antes de entrar em contato com os membros da equipe, fui informada: "Eles choram muito, alguns querem se aposentar, outros dizem que não vão subir mais na torre, outros querem mais segurança [...]".

Numa manhã de janeiro, ao executar um serviço de retirada de cabos em uma torre de transmissão, um dos eletricistas, que tinha 27 anos, sofreu uma queda de uma altura de aproximadamente 20 metros de altura que o levou à morte. A torre estava para ser desativada, o terreno era de difícil acesso, em meio ao mangue.

Preparando-me para estar com essa equipe, um misto de medo, atração pelo desafio e compaixão tomava conta de mim. Qual é a ajuda possível num momento de dor como esse, no qual os ânimos estão abalados, o pensamento foi seqüestrado e todos (empresa e trabalhadores) ficam sob os olhares da justiça, que legalmente exerce seu papel de buscar culpados?

Procurei na memória lembranças de momentos de luto, informações provenientes da bagagem profissional, algo que servisse como alento ou bálsamo para quem estivesse exposto a perda tão dolorosa como essa. Já tivera alguma experiência com equipes que haviam passado por assaltos ou seqüestro, porém nenhuma delas com perda fatal. Sabia o que significava ficar congelado, ou imobilizado, o corpo em pânico, mas agora era diferente. Ao inesperado, à sensação de incontrolabilidade, o corpo rendia-se à morte, traído pelo não-dito ("Por que não chamei sua atenção?"), pela força do hábito ("Já havíamos feito outras vezes o mesmo serviço [...]"), pelo não previsto ("A torre não rangeu", referindo-se à falta de evidências de que a torre de transmissão poderia estar em condições precárias), pela regra ("Todos estavam devidamente equipados"), pela culpa ("Por que não refizemos mil vezes o planejamento da tarefa?", "Por quê, por quê?"). A dor, os sentimentos de perda, de raiva, a revolta me aguardavam, eu sabia. E o que mais?

Nas semanas seguintes à ocorrência do acidente, faltaria um para a subida na torre, faltaria um para fazer os malabarismos no céu, faltaria um para a difícil escalada até a torre (o acesso, quando muito difícil, é feito por helicóptero), faltaria um para o jogo de baralho no momento de lazer, faltaria um para fazer sua parte na delicada dança de corpos no ar: esticando cabos, movimentando-se por entre os fios e corpos no chão, guiando o movimento, arremessando uma ferramenta, preparando a próxima etapa, todos curvados à magnitude do sol e a essa energia invisível, poderosa, misteriosa, que passa pelos cabos.

Eram onze homens, fortes e jovens. As torres de transmissão de energia elétrica, que podem chegar a 40 metros de altura, são o dia-a-dia dessa equipe destemida. Sobem morro, descem morro, escalam torres, carregam equipamentos pesados, içam equipamentos, verdadeiros heróis na rotina das companhias de energia elétrica – corpos energizados trabalhando para energizar outros tantos.

MÉTODO

Para a prestação do serviço de apoio psicológico e emocional às equipes, vítimas de acidentes de trabalho com morte, foram utilizados seis trabalhos grupais e onze atendimentos individuais, adotando-se o método sociopsicodramático e a análise bioenergética.

A condução dos trabalhos de grupo seguiu as etapas do método psicodramático: aquecimento, dramatização, compartilhamento e processamento (Moreno, 1997).

Os trabalhos grupais foram assim distribuídos: o primeiro deles com a duração de doze horas, logo após a ocorrência do acidente. Os demais, durante um mês, com a duração de três horas cada um, uma vez por semana. Dez meses após a ocorrência do acidente, realizou-se um trabalho grupal destinado à avaliação.

AQUECIMENTO CORPORAL

O aquecimento de todos os trabalhos grupais consistiu basicamente em exercícios de grupos de movimentos (Gama e Rego, 1996) com ênfase na consciência corporal, no reconhecimento de suas tensões, na retomada do *grounding*, no controle da respiração e na expressão de sentimentos de raiva, medo, tristeza e culpa.

Grounding é aqui entendido como a capacidade de estar sobre os próprios pés, sentir-se seguro e confiante para a execução das tarefas, apropriar-se da sensação de controle e domínio sobre o próprio corpo, sensação essa indispensável para o trabalho em campo, executado a alturas que variam de 20 a 40 metros do solo.

Lowen (1982) emprega dois conjuntos básicos de exercícios para ajudar a pessoa a entrar em contato com as tensões musculares e descontraí-las, para assim liberar a descarga de excitação e tensão.

O primeiro conjunto diz respeito aos exercícios de *grounding*, cuja finalidade é proporcionar base ao indivíduo, firmar suas pernas no chão e superar sua ansiedade de cair ou fracassar.

O segundo conjunto tem como alvo soltar a pélvis, com o objetivo específico de abrir as pessoas para os sentimentos de ordem sexual e liberar a agressividade, entendendo a agressividade não como algo brutal, sádico ou sôfrego. Trata-se de soltar a pélvis, facilitando o deslocamento da tensão para as pernas; do contrário, ela ficará retida na cabeça ou na região lombossacral. Agressão denota a capacidade de ir em busca daquilo que se deseja. É o oposto da passividade, ou da depressão, na qual a agressividade se volta para dentro do corpo, não sendo capaz de dirigir-se ao alvo da agressão. A agressão é ainda a força que nos capacita a tolerar, enfrentar e manipular a tensão.

Nos estados de emoção intensa (medo, susto, raiva e terror), a sensação de *grounding* perde-se totalmente: o corpo sente-se traído, os centros corticais paralisam o peito, controlando os soluços e refreando o grito, e o padrão de respiração altera-se. O corpo fica congelado e imobilizado.

Além de aumentar a sensação de *grounding*, o aquecimento corporal teve como objetivo favorecer que a pessoa adquirisse consciência do ritmo da respiração, aumentar a carga energética das pernas e dos pés, além de permitir a auto-expressividade, por meio de exercícios expressivos de raiva e medo, sentimentos presentes em situações traumáticas.

Imagens corporais

A passagem do aquecimento corporal para o movimento protagônico apoiou-se na identificação de sentimentos e preocupações da equipe com base nas imagens corporais que pudessem representar os sentimentos e as preocupações do momento que estavam vivendo. Foram construídas três imagens corporais, assim nomeadas pelo grupo:

- 1ª imagem: a despedida. O grupo dramatizou um jogo de baralho, incluindo o companheiro morto.
- 2ª imagem: a confusão. O grupo caminhou de um lugar para outro, sem direção, esbarrando um no outro.
- 3ª imagem: a fé, representada pelo grupo com todos de mãos dadas. Disseram ter fé na capacidade de seguir adiante, retomar o trabalho e cuidar da vida.

Esculturas de grupo

Utilizou-se também a técnica de construção de esculturas do grupo, permitindo a expressão plástica e simbólica da estrutura vincular do sistema grupal.

Esse método consiste basicamente em solicitar ao indivíduo que faça uma escultura que expresse o relacionamento do grupo, utilizando o corpo para colocar cada um dos membros na posição em que se encontra naquele grupo em particular. Depois dos corpos "esculpidos", são solicitados solilóquios das pessoas que ocupam aquele lugar. Podem também ser utilizadas técnicas como inversão de papéis, duplos, espelhos, entrevistas (Barberá e Knappe, 1999).

Foram realizadas quatro esculturas de grupo, que permitiram identificar o distanciamento entre as atividades de planejamento e execução[2], o não-compartilhamento da responsabilidade pelo planejamento da tarefa por parte de todos os membros da equipe, a sobrecarga de responsabilidade sobre a equipe de planejamento, o alienamento da equipe de execução em relação ao planejamento, o distanciamento dos técnicos de segurança da equipe do trabalho de campo.

As esculturas também sinalizaram para os seguintes movimentos: o desejo de ocupar o lugar do outro e olhar a situação sob sua ótica, o desejo de coesão da equipe para retomar a vida, o que significava voltar a executar o trabalho (ao longo do tempo) e subir novamente em torres, sentindo-se seguros e confiantes, como antes do acidente.

O RITUAL DE DESPEDIDA: SOBRE O LUTO E A CULPA

O acidente de trabalho que levou a vítima à morte expôs o grupo a fortes sentimentos de culpa em relação ao ocorrido, inclusive porque existia, por parte da organização e da justiça, uma ação mandatória para que os culpados fossem identificados e as vítimas ressarcidas.

Em meio ao lamento pela perda da pessoa querida, o empregado participava de investigações, quando devia rela-

2. As atividades realizadas em linhas de transmissão de energia elétrica são consideradas de alto risco, exigindo exaustiva atividade de planejamento.

tar com objetividade (o que é quase impossível em situação semelhante) o que aconteceu, e de que forma. Cada palavra dita pode significar a culpa de um, de outro ou de si próprio. Estavam todos muito amedrontados com o acontecido e com suas conseqüências. O ritual de despedida contribuiu como ponto altamente significativo para lidar com os sentimentos de perda e culpa em relação ao ocorrido.

Nesse ritual, cada um pôde despedir-se do companheiro, reverenciando sua vida, sua convivência entre eles, suas contribuições para com aquele grupo. Mas era chegada a hora de deixá-lo partir e continuar a vida, fazendo o que precisava ser feito.

A compreensão sobre o luto e a culpa em constelações grupais foi calcada nos ensinamentos propostos por Hellinger (1998), que vem desenvolvendo um trabalho interessante sobre constelações familiares (que ele diferencia da escultura).

O autor propõe que a existência de um grupo social está calcada no sentimento de pertinência, no equilíbrio entre o dar e o receber entre os membros e na convenção social, que regulamenta a ordem social. Na morte, a culpa pode ser sentida como exclusão e alienação, quando nossa pertinência é ameaçada. A culpa sentida como dívida é obrigação quando se rompe o equilíbrio entre o dar e o receber e é sentida como transgressão e medo das conseqüências quando nos desviamos da ordem social.

O amor exige que o dano seja reparado. O que seria reparar um dano em caso de perda de uma vida? Opções como depressão, aleijamento, suicídio, drogadição não resolvem o problema, apenas contribuem para agravá-lo.

Uma alternativa possível é fazer uso da experiência de perdão. Perdão a si mesmo. Para isso é preciso admitir que de fato podemos ter tido alguma culpa, ainda que não tivéssemos o desejo de que aquilo acontecesse. O perdão a si mesmo deve reconhecer o remorso genuíno e buscar um meio de reparar esse dano. A reparação é uma escolha pessoal. O que posso fazer? Tirar alguma coisa boa da desgraça – talvez seja a forma mais edificante de reparação. Quando o dano e a culpa atingem proporções trágicas – no caso da morte, por exemplo –, a reconciliação ou o perdão somente serão possíveis se nos submetermos às forças superiores e à nossa consciência, e aceitarmos que ela funciona segundo regras que não entendemos. Submeter-nos ao nosso destino é aceitar que o amor tem uma simetria oculta que nem sempre compreendemos.

Essa visão sobre a coesão e o funcionamento de um grupo, a morte, a culpa, o perdão a si mesmo e a submissão ao destino, na condição de depositário da simetria oculta do amor, embasaram a condução do ritual de despedida (Hellinger, 1998).

Esse ritual foi fundamental para a retomada da coesão e da confiança do grupo. Ele foi se concretizando a cada encontro, quando a equipe iniciava o trabalho colocando uma almofada para representar o companheiro morto ou quando se apoiava nas palavras ditas ao representante do colega morto: "Você morreu, mas eu estou aqui, continuo vivo".

Resultados

A equipe retornou à atividade, executando inicialmente tarefas de menor complexidade. Quarenta dias após a ocorrência do acidente, realizou uma tarefa em uma torre de 40 metros de altura a contento, evidenciando controle emocional, porém ainda manifestando medo e insegurança.

A avaliação realizada após dez meses encontrou uma equipe revelando maior integração e coesão entre seus membros, preocupação com o corpo e suas manifestações, melhoria na comunicação: exercitavam o ouvir o outro, recuperaram a confiança no outro, davam *feedbacks* um ao outro, evidenciando maior assertividade ao expressar sentimentos, fazer pedidos e dizer "não" às lideranças e aos pares, quando apropriado.

Também afirmaram ter tornado rotina diária o planejamento da tarefa antes de sua execução e verbalizaram atribuir maior significado à vida depois do acidente.

Os resultados colhidos na experiência aqui relatada mostraram que a atuação com grupos em organizações pode ganhar outros significados e abrangência, quando, além da compreensão dos dramas protagonizados pelos indivíduos em ambiente de tensão e conflitos de interesses, passamos a deter nosso olhar também sobre o corpo desse protagonista.

Os membros da equipe informaram que sentiram um efeito positivo do trabalho corporal sobre sua vitalidade, sua disposição, seu humor e sua produtividade no trabalho.

Considerações finais

O ambiente de trabalho tem se mostrado propício para o desenvolvimento de trabalhos grupais, em que se combinam métodos de ação (notadamente os corporais) e a palavra. Tal aproximação, característica do método sociopsicodramático, permite que os conflitos de papéis, as ansiedades e os medos inerentes ao exercício dos papéis profissionais sejam trazidos à tona mais facilmente. Nesse sentido, dá ao protagonista a oportunidade de encontrar soluções que o cotidiano, as racionalizações exigidas e o *modus operandi* das organizações nem sempre permitem com facilidade.

No entanto, visualizar uma solução qualquer para os dramas do cotidiano das organizações exige um corpo estruturado, consciente de seus movimentos, *grounded,* ou seja, centrado em seus próprios pés, o que pode significar um contato com seus desejos e movimentos (se de expansão ou de contração), voltados para a saúde ou para a doença. (Saúde é aqui entendida como espontaneidade para o exercício de diferentes papéis; e a espontaneidade como auto-expressão, movimento, voz, olhar, relação, contato com o outro.)

Ao atuar com grupos em organizações, temos encontrado, sobretudo em postos de chefia, padrões corporais que oscilam entre a rigidez, caracterizada pelo medo de se entregar, de se expor, e pela tensão nos ombros, no pescoço e na mandíbula, e um padrão muscular de segurar-se "para cima" (vivendo na cabeça), contra o medo de fracassar e se deixar ir, caracterizando-se pela superioridade, pela arrogância e pelo desprezo em relação ao outro.

O ambiente de trabalho nem sempre privilegia o senso de ligação entre as pessoas. Lowen (1993) propõe que a perda desse senso de ligação com o outro tem como resultado a perda do *self* corpóreo, ligando-se a uma imagem falsa de si mesmo, contribuindo para o desenvolvimento de comportamentos narcisistas, que se caracterizam pela negação de sentimentos, necessidade de projeção da imagem, ambição, submissão do corpo à mente e à vontade, predisposição para a depressão, tendência para aquisição de poder e controle, protegendo-se da possível humilhação e dos sentimentos de vulnerabilidade e impotência por meio de uma imagem grandiosa.

Muitas vezes, na condução de uma cena psicodramática, quando solicitamos uma inversão de papéis ou a visualização de uma cena diferente daquela, o corpo não é capaz de fazê-lo. É como se não sentisse essa possibilidade em suas entranhas. O corpo doente paralisa a cena.

Em linguagem psicodramática, podemos dizer que faltou aquecimento para o papel. E o que seria esse aquecimento? Como criar condições para que ele aconteça?

Na linguagem da análise bioenergética, diríamos que falta contato de olho, como vínculo; falta movimento de braços e pernas, como ação; faltam leveza de movimentos, descarga de agressividade, vitalidade. Aquecer o corpo para a ação pressupõe organização corporal, aumento da vitalidade, expansão do movimento, aprofundamento da respiração, como alternância de expansão e contração, ampliação da auto-expressão – todos esses alvos da análise bioenergética.

Prestar mais atenção ao corpo e aos seus movimentos permite ao diretor da cena engendrar cenas preparatórias ou facilitadoras para o desvelamento da trama. Ao fortalecer o corpo, aumentando sua vitalidade, instrumentalizamos o protagonista para o exercício de sua espontaneidade.

Referências bibliográficas

BARBERÁ, E. L.; KNAPPE, P. P. *A escultura na psicoterapia*. Psicodrama e outras técnicas de ação. São Paulo: Ágora, 1999.

BRAVERMAN, M. "Trastorno por estres postraumatico y su relación con la salud laboral y la prevención de lesiones". In: *Enciclopedia de Salud y Seguridad en el Trabajo – OIT*, Madri, v. 2, p. 513-14, 1998.

GAMA, M. R. da; REGO, R. A. "Grupos de movimento". *Cadernos Reichianos*. São Paulo, n. 1, 1996, Instituto Sedes Sapientiae.

HELLINGER, B. *A simetria oculta do amor*. São Paulo: Cultrix, 1998.

LEVINE, P. A. *O despertar do tigre*. São Paulo: Summus, 1999.

LOWEN, A. *Bioenergética*. São Paulo: Summus, 1982.

______; LOWEN, L. *Exercícios de bioenergética*. O caminho para uma saúde vibrante. 6. ed. São Paulo: Ágora, 1985.

MORENO, J. L. *Psicodrama*. 2. ed. São Paulo: Cultrix, 1997.

REICH, W. *Análise do caráter*. 3. ed. São Paulo: Martins Fontes, 1998.

6

REFEIÇÃO PSICODRAMÁTICA: A OBESIDADE EM CENA — A PSICOTERAPIA PSICODRAMÁTICA NA SUPERAÇÃO DA OBESIDADE

ANA CRISTINA BENEVIDES PINTO

CARDÁPIO

O tratamento da obesidade, apontada como epidemia mundial pela Organização Mundial da Saúde, é um desafio para várias áreas do conhecimento humano. Neste artigo, meu objetivo é aceitar parte desse desafio e discutir o papel da psicoterapia, sobretudo da abordagem psicodramática no tratamento transdisciplinar dessa doença.

Pretendo também sensibilizar outros profissionais que trabalham com obesos para os aspectos psíquicos e emocionais da obesidade, ampliando a visão da doença e multiplicando posturas e tratamentos que considerem a perspectiva sistêmica e complexa do ser obeso.

Denomina-se obesidade uma enfermidade caracterizada pelo acúmulo excessivo de gordura corporal, associada a problemas de saúde, ou seja, que traz prejuízos à saúde do indivíduo. A causa da obesidade é multifatorial, ou seja, ela é decorrente de vários fatores que podem estar agindo isoladamente ou em conjunto. Entre esses fatores está a ingestão aumentada de calorias, a diminuição da atividade física, a idade e os fatores genéticos e emocionais (ver www.abeso.com.br).

Dada a complexidade da obesidade como uma doença heterogênea, o tratamento requer a combinação de múltiplas áreas do conhecimento: essencialmente medicina, psicologia, nutrição e educação física, o que, naturalmente, não descarta a possibilidade da contribuição de outras ciências.

Tendo como foco de estudo o uso da psicoterapia com pacientes obesos, descreverei alguns dados teóricos, recheados ou não com exemplos práticos de sessões de grupo ou individuais. Bom apetite!

Entrada

Uma das características da intervenção psicodramática é a busca da integração do indivíduo pela ação dramática, em que o corpo está sempre aludido, mesmo quando a ação é simbólica como no psicodrama interno[1].

Sabe-se que o corpo registra continuamente a história de vida do sujeito; portanto, quando investigamos a obesidade, na realidade, estamos investigando a relação do paciente com sua própria história.

O paradoxal nessa abordagem da obesidade é que o mesmo corpo que adoece indica os caminhos de sua cura. Por meio do psicodrama, seria articulado um resgate mais fiel das memórias registradas no corpo, uma vez que estimularia o corpo e a mente do paciente.

A obesidade, tal como uma cicatriz ou um sintoma interno, reflete as dificuldades pelas quais o sujeito passou, só que, diferentemente da cicatriz ou do sintoma, não pode ser escondida e revela, escancaradamente, o drama de seu dono.

1. Técnica criada por José Fonseca Filho.

Resta a alternativa de "ser o obeso", síndrome que agrega diversos fatores, entre os quais destacaremos dois:

- uma dor intermitente pela presença constante do sinal: o corpo deformado;
- uma provisão extraordinária de espontaneidade-criatividade, guardada em algum lugar do mundo interno do paciente, protegida de elementos que a distorcem e a perturbam.

Essa provisão seria, segundo Moreno (1992, p. 37), uma força primária no comportamento humano, que constitui por si a "cura", para se preservar saudável.

Os elementos que a distorcem e a perturbam são as defesas dos pacientes (Miller, 1993, p. 4, *apud* Cukier, 1998, p. 113), que, apesar dos pesares, foram os meios com que eles conseguiram sobreviver. Porém, essas defesas são conservas comportamentais anacrônicas que, ainda presentes, rodeiam essa provisão de espontaneidade-criatividade, por isso ela precisa ficar protegida.

Contudo, essa espontaneidade-criatividade, apesar de guardada, consegue se exteriorizar em vários momentos e ajuda o obeso a não descompensar mais, adoecendo psiquicamente de forma severa (depressões graves, quadros fronteiriços ou *borderlines*, psicoses).

O objetivo da psicoterapia é fortalecer essa provisão, para que ela possa ampliar seu espaço no mundo interno do paciente e substituir as defesas por recursos mais adequados e saudáveis de sobrevivência emocional.

A intervenção psicodramática, ao privilegiar a ação, coloca em foco a pessoa em sua totalidade, ou seja, um ser biopsicológico inserto num contexto sociocultural. Sua singularidade é atravessada pela pluralidade, construindo aos poucos uma identidade e uma visão de mundo peculiar, por estar no meio da diversidade. Cada ser é único, e cada obeso precisa se reconhecer e ser reconhecido como singular, com seu valor pessoal no meio da pluralidade.

O contexto psicodramático é a via de acesso para o contexto social. A pessoa-protagonista da cena psicodramática é trabalhada para liberar sua espontaneidade e realizar uma ação co-criativa como pessoa-autora de sua própria história.

Além disso, a abordagem psicodramática, por ser uma terapia relacional, favorece um atuar mais saudável no mundo, uma profunda compreensão do essencial de si e também do essencial do outro. O paciente aprende a respeitar o que vê e a pensar no que está por trás, buscando significados e possibilidades resolutivas para além da aparência.

A superação da obesidade passa, necessariamente, por uma capacidade de lidar com a realidade social e com a presença simultânea e inevitável de comida em encontros e pessoas.

Treinar o obeso para lidar de forma saudável com a cultura pessoal, familiar e dos grupos a que pertence é um dos pontos centrais do trabalho com obesos, respaldado pelo viés dos saberes psicodramáticos e das experiências que o atendimento clínico vem assinalando, e permite ao terapeuta uma elaboração sistemática de uma práxis que revoluciona o ser, libertando-o de distorções, medos, prisões e anulações.

Alguns aspectos na psicoterapia com obesos exigem atenção constante e não tensão, que aparecem e reaparecem durante o processo psicoterápico, dos quais destaco a irritabilidade, o efeito platô e os boicotes (medos e recaídas).

A irritabilidade é uma manifestação de humor comum, quando ocorre a retirada da comida como modeladora de humor. Na psicoterapia, quando começa a ressignificação da comida e esta deixa de ter essa função, enquanto o obeso não localiza outro substituto, ele se irrita bastante; comer já não tem o mesmo efeito, e a irritabilidade aumenta.

Em alguns casos, com o máximo de cuidado, é indicado introduzir medicação ansiolítica. Não se pode substituir uma adição à comida por outra, ao medicamento.

Algumas pessoas podem apresentar o frustrante efeito platô, reação metabólica de adaptação do organismo à dieta que as faz "estacionar" no peso, o que provoca imensa frustração. Nesses casos, existe uma manobra empreendida pelo nutricionista que costuma dar bons resultados: aumentar a ingestão e depois reduzir novamente, na tentativa de "confundir" o organismo. Caso não seja bem conduzida, essa manobra é um desastre emocional, daí a importância da equipe transdisciplinar.

O desastre se dá em razão de que a nova organização psíquica, que tenta superar os rituais obsessivos, ainda é incipiente e frágil. Nessa fase, o obeso não internalizou a ação ativa sobre a comida e pode facilmente retroceder na revivência da alimentação abundante.

Por fim, estão os boicotes, que se manifestam pelos medos e pelas recaídas. Como adverte Rosa Cukier (s/d: trabalho ainda não publicado): "prevenir recaídas deve ser tarefa constante, desde o início da terapia".

Para lidar com esse "risco", incluímos no processo psicoterapêutico um importantíssimo conceito da pedagogia, o erro construtivo, definido por Perazzo (1999, p. 187) como: "acertos lógicos decorrentes de uma maturação criativa capaz de estabelecer analogias complexas".

Esse conceito de erro construtivo é trabalhado por meio do *role-playing*, ou mesmo nas cenas psicodramáticas, sendo assinalado como estágio de maturação do novo modo-de-ser no mundo.

Pratos principais

Como exemplo, cito um trecho de uma sessão de psicoterapia grupal com pacientes obesos.

O tema foi a "Síndrome do fim de semana", algo que a protagonista (chamada D) viveu e nomeou, por ver o fim de semana como um fantasma que a aprisiona e a sufoca, pois ela sai da rotina e perde o controle de sua dieta.

Montamos a cena começando pela rotina, que hoje lhe parece agradável e segura, embora antes fosse muito ruim.

A protagonista alinha as almofadas, representando sua rotina. Passa a circular por elas, enquanto é entrevistada pela terapeuta, falando de como se sente tranqüila, segura, autoconfiante, e de como teme perder essa sensação.

A terapeuta propõe montar sua cena temida: a chegada do fantasma do fim de semana. Essa é a descrição da protagonista: um fantasma, que parece persegui-la.

Montamos a cena. Ela está tranqüila passeando por sua rotina e, de repente, surge o fantasma do fim de semana. Ele a agarra, deixando-a imóvel. Ela pára e respira. A terapeuta incentiva-a a continuar a respirar, localizar o que está sentindo e fazer o solilóquio. Ela verbaliza que precisa manter a calma e buscar uma alternativa que, de fato, a ajude. A terapeuta intervém, instigando a realização simbólica: "Faça com ele o que você precisa!"

A protagonista interage com o fantasma (um colega do grupo, que ela escolheu como ego-auxiliar), abrindo os braços, os quais ele tentava conter, empurrando até conseguir se livrar. Porém o fantasma é sedutor e insistente, mas, com o incentivo da terapeuta, ela pega o fim de semana-fantasma e o coloca no lugar que acha devido: bem distante de sua rotina.

Dessa cena, surgem múltiplas possibilidades, mas minha opção foi focar no fortalecimento dessa rotina como estruturante de seu processo de emagrecimento.

Trabalhamos, então, com o espelho. A protagonista viu a si mesma dentro da cena montada: a rotina, ela e o fantasma presente, mas distante. A protagonista verbalizou que, na rotina, ela estava protegida, mas também presa. A terapeuta sugere, então, que ela ocupe o lugar do fantasma (inversão de papéis) e a protagonista, como fantasma, diz que D, com aquela postura, é uma presa fácil: é só chegar, que já está lá. Retornando ao seu papel, a protagonista responde que vai se mexer e treina a ação de entrar e sair da rotina sempre pelo mesmo lugar até dar-se conta de que essa repetição também a fragiliza. A terapeuta faz novo espelho; a protagonista retoma o papel e treina a ação de entrar por um lugar e sair por outro.

Acaba se tornando um jogo de treinamento de possibilidades e, no final, a protagonista referencia que o importante é poder ir e ter para onde voltar. Em outras sessões, retomamos a relação com o fantasma.

Outro aspecto importante no processo psicoterapêutico é o momento em que o obeso começa a emagrecer e precisa atualizar as imagens corporais de obeso para a nova imagem corporal, que, por sua vez, implica nova imagem social.

Nesse momento, no sentido bem existencial e moreniano, inaugura-se na vida dessa pessoa a experiência de ser capaz, de obter êxito, de ser elogiada, valorizada, de poder mostrar-se como ela mesma, sem a proteção da obesidade.

Esse momento é muito frágil e ao mesmo tempo bastante belo e perigoso. Frágil, por ser inaugural mesmo: ele nunca havia experimentado ser assim, relacionar-se assim, portanto é incipiente e requer cuidados para ser fortalecido. Vejamos o depoimento de uma paciente:

> Quando a comida sai da minha vida do seu papel primeiro, que era de proteção e torna-se "apenas" nutrição, fica apenas o pavor do novo. Em que agora vou me proteger do mundo, da verdade da vida, que me assusta tanto? É tão nova essa idéia e essa ação de comer direito!
> O corpo se modifica aos poucos, mas a minha cabeça insiste em me perguntar: quem vai nos proteger agora? Você agora vai mudar dentro e fora? E o que você vai fazer com o que aprendeu a vida inteira: não entre em contato consigo mesma — a dor é muito funda, insuportável!!
> Aí então penso que essa minha mente danadinha está desesperada, se agarrando ao conhecido! Mas eu cheguei a ponto de "lustrar" todo o emocional, então minha mentezinha querida não consegue agarrar-se a nada.
> Eu estou livre! Posso pensar o que eu quiser de novo daqui para frente. E, graças a Deus, sinto, no fundo da minha alma, que não existe dor, nem medo maior nesse mundo, que não seja resolvido, aceito, absorvido e finalmente "desintegrado" dentro de mim mesma.
> Dor nem medo vão me matar nunca! Mas a falta de contato comigo mesma, sim, pode me matar em vida. A obesidade, sim, pode me matar em vida — me deixa longe de mim mesma.
> (Paciente de 32 anos, obesa há sete anos, em processo de emagrecimento.)

É um momento belo, porque nos permite observar, sentir e admirar a vida nova que surge: mais livre de culpas e dores, cheia de fé, esperança, criatividade, vitalidade, como o fruto de uma semente germinando, que, por um processo natural, é fruto em sua identidade mais clara e saudável, com vida fluindo dentro de si.

Também é um momento perigoso porque, em qualquer relação em que esteja, o obeso é, ao mesmo tempo, objeto e percepto de seu complementar e vice-versa, e, segundo Naffah Neto (1979, p. 65):

> [...] no momento em que o indivíduo se abre à própria situação e deixa-se penetrar por ela [...] forma-se entre seu corpo e a situação uma rede de significações, em que todos os sentidos e os vários segmentos do seu corpo passam a articular-se e a rearticular-se numa totalidade expressiva.

Assim, ele pode vivenciar relações transferenciais — que serão trabalhadas para catalisar ações espontâneas e criativas — ou retornar às posturas conservadas e impregnadas de defesas egóicas vinculadas à sua rede sociométrica.

O investimento terapêutico, nesse momento, é de fortalecimento da totalidade expressiva saudável, trazendo para o contexto social do obeso um *status nascendi* relacional novo, como explica Perazzo (1994, p. 44): "[...] em que a transferência não esteja mais atuante como fator determinante de uma forma enviesada de se vincular, em que pese a possibilidade sempre presente da concomitância de outras articulações transferenciais".

O cuidado para lidar com esse momento, que qualifiquei como perigoso, chama-nos a atenção para o conceito de vínculos residuais, formulado por Moyses Aguiar (1995, p. 103), nos quais há uma possibilidade de que os registros impressos em modos relacionais pelos papéis sociais variados constituam uma conserva paralisadora que comprometa a fluência vincular dos vínculos atuais.

No tocante aos obesos, isso quer dizer que os registros de comedor compulsivo impressos nas relações sociais constituem respostas conservadas que comprometem os vínculos atuais.

Observemos a sessão de grupo descrita a seguir.

O grupo vai se aquecendo verbalmente, comentando os momentos em que cada um não consegue se ver, e cria-se uma zona de isolamento, rompida apenas quando a obesidade se torna gritante, como se as pessoas não pudessem ouvir os sinais (aquecimento inespecífico verbal).

Cada membro do grupo mostrou como era sua "zona de isolamento" com uma escultura. Depois, o grupo escolheu aquela que lhe parecia mais mobilizadora naquele momento, cuja autora foi escolhida e aceitou ser a protagonista.

T (Terapeuta): Mostre a cena que a levou a construir essa escultura.

P (Protagonista): Foi uma cena que aconteceu ontem. Eu cheguei do trabalho com a cabeça rodando de tantos problemas e o coração apertado. Fui até a cozinha...

T: Vá montando sua cena. Mostre como é a cozinha: onde está a geladeira...

P (Foi montando o cenário e descrevendo; quando estava pronto, posicionou-se atrás da porta): Vou ver se ninguém está olhando pra cá. Oba! Dá pra eu pegar o pão... Atravesso para ir à geladeira sem ninguém me ver. (Vai falando e fazendo: pega o pão, recheia com a goiabada e começa a comer. De repente, o marido chega, pega-a em flagrante e diz que vai contar à mãe dela, com quem eles moram.)

T (Pede a P que volte à cena, congelando a ação no momento

em que a protagonista ia comer): O que você espera desta comida, P?

P: Alívio do mal-estar que sinto.

T: De onde surge essa sensação de alívio, quando você come?

P: Lembro uma cena, quando eu tinha uns 6 anos. O papai ia chegar de mais uma das viagens que fazia. E eu sabia que ele ia trazer chocolate pra gente como sempre fazia, toda vez que viajava.

T: Monte essa cena: você com 6 anos, esperando o seu pai. Onde você ficava?

P: Eu ficava assistindo TV e sabia que ele estava pra chegar.

T: Ok, a cena está acontecendo agora. Ao que você está assistindo?

P: Nem sei bem o que é. Não estou prestando muita atenção, porque o meu pensamento está no papai.

T (Pergunta a P com 6 anos): Como se sente na cena?

P: Tenho medo; quando ele não está em casa, eu me sinto sem proteção.

T: Ele, o seu pai, a protege de quê?

P: Da minha mãe. Ela dá tudo pras minhas irmãs e para mim fica só o resto. Quando ela faz roupas para minhas irmãs, ela faz as minhas com os retalhos que sobram. Eu sempre fico com a roupa mais curta, ou velha, que elas não querem mais. Meu pai me ama muito, mas minha mãe ama mais meus irmãos.

T (Para a P como criança): O que vai acontecer quando o papai chegar?

P: Meu medo vai passar e eu vou ficar muito feliz.

(Entra o ego, que ela escolheu para ser seu pai. Antes ela havia explicado ao ego que o pai dela a compreendia sem precisar falar muito. Ele sabia quem ela era e do que ela era capaz. Nota: essa é uma frase recorrente da protagonista.)

Ego 1 (como pai): Ourinho!! (Era a forma carinhosa com que o pai chamava a protagonista.)

P (Corre e abraça o pai, que lhe corresponde): Papai! Que bom! Você chegou!

Ego 2 (como mãe): Sai, menina! (Afasta P do pai.) Não tá vendo que teu pai está cansado? Ele precisa descansar! Sai!

(T congela a cena e pede solilóquio.)

P: Mas eu estou com tanta saudade dele! Eu queria tanto ficar abraçada com ele. Mas a mamãe parece que tem ciúme.

(Montamos a cena dela com a mãe.)

T (Falando com P): Você quer perguntar a essa mãe o que ela sente? Se ela tem ciúmes de você?

P (Balança a cabeça negando): Não. Não adianta.

T: Então diz pra ela o que você acha que vai adiantar.

P: Me dá um tempo, deixa eu curtir meu pai! (P chora muito.)

T (depois que P pára de chorar): Vamos voltar à cena com seu pai.

Ego 1 (como pai): Ourinho! Olha o que eu trouxe pra você! (Ele dá a caixa de chocolate.) Agora você vai primeiro escolher o seu. Pega o que você quiser. Depois você vai dar pros seus irmãos.

P (Beija o pai): Oba!!! Obrigada, pai!!!

T (enquanto P escolhe seu chocolate): Como você se sente?

P: É a melhor hora depois que ele chega! Eu adoro! Eu posso escolher! Eu me sinto feliz, considerada, valorizada!!

T: Curta bem essa sensação. Agora vamos voltar para a cena atual.

(P monta a cozinha novamente.)

T: Agora você vai comer o pão com a goiabada de novo.

P: Mas agora eu não sinto mais vontade. Não quero comer!

T: Então o que você quer? Do que você está precisando?

P: De pedir um tempo pra mim!

T: Ok. Então fala pra quem você quer pedir um tempo.

P (Olha pra mãe de hoje): Mãe, me dá um tempo! Depois você me fala dos seus problemas.

P (Pega as coisas de trabalho e joga no chão): Me dá um tempo, trabalho! Eu estou em casa e agora vou curtir eu estar em casa, com meus filhos e meu marido.
T: Como você precisava curtir o seu pai?
P: É, como eu precisei curtir meu pai, agora eu preciso curtir a mim mesma, os meus filhos e o meu marido.

O compartilhar foi muito intenso pelo elevado nível de identificação entre todos e também pela forma como a trama oculta foi se desvelando, mostrando um percurso transferencial até chegar ao *status nascendi* novo de um modo de se relacionar com o pão e a goiabada.

Por intermédio dos papéis psicodramáticos, o próprio protagonista exercita o preenchimento de si mesmo pelo viés da realidade suplementar, criando um *status nascendi* novo, co-criativamente.

O exercício da co-criação, por meio dos papéis psicodramáticos, deve ser propagado para outros vínculos no desempenho dos papéis sociais, reinterando a qualidade nos relacionamentos do paciente. Como define Moysés Aguiar (1998, p. 41): "a experiência de co-criar tem o condão de despertar a crença nas possibilidades de busca em comum de soluções para problemas comuns".

Para estender esse movimento co-criativo ao contexto social, é primordial, então, buscar

> o desenvolvimento do eu observador, que é o caminho que conduz da auto-imagem distorcida para o eu verdadeiro. O eu observador é um olho, um terceiro olho, que não julga, não critica, nem elogia, ele constata. O eu global é formado por uma infinidade de eus parciais, internalizados, que clamam por ser descobertos e se expressam por meio dos papéis. (Fonseca, 2000, p. 20)

O desenvolvimento do eu observador é meta perene na psicoterapia com obesos, considerando que a relação com a comida se presentifica constantemente, requerendo atenção e cuidado no desempenho do papel de comedor.

Diante da comida, o obeso se sente mais desimpedido algumas vezes, pois sua droga é lícita e permitida — ele tem de comer para viver. Outras vezes, quando já houve muitas desaprovações do "EU" e das pessoas de sua convivência direta, como familiares e amigos de trabalho, ele passa a comer escondido.

Tenho observado que, nos grupos de psicoterapia com obesos, tão logo se crie um continente emocional e de confiança entre os membros, inicia-se o compartilhar das transgressões e do "comer escondido". A dramatização é muito útil nesse momento, como mostrarei no trecho seguinte.

O aquecimento começou com um texto trazido por um dos componentes do grupo, que fez a leitura para todos e do qual foram extraídos vários temas: como parar; dependência; não resistir *versus* controlar; impotência diante da comida.

> T (Terapeuta): O que vocês acham de nós trabalharmos com vinhetas?[2] (O grupo aceita e escolhe a primeira cena, apontando para um colega.)

Cena 1

> T: Monte a cena. Onde está acontecendo?
>
> P1 (Protagonista): Na cozinha. Mas a família toda está na sala assistindo ao jogo do Brasil.

2. Utilizo esse recurso quando o tema está bastante diluído no grupo, pois percebo que fortalece o continente emocional e auxilia a adentrar em dores muito compartilhadas por todos.

T: E você, onde está?

P1: Estou indo escondido para a cozinha sem ninguém me ver.

T: O que tem aí na cozinha?

P1: Tem o resto da pizza. E eu preciso aproveitar que todos estão entretidos no jogo e nem vão se lembrar de mim.

T: O que aconteceria caso eles se lembrassem?

P1: Não iam deixar eu comer tudo. Preciso aproveitar e comer logo! É um olho na pizza e outro na porta, pra ver se eles vão vir pra cá.

T: Comendo assim tão rápido, dá pra sentir o gosto?

P1: Não. Preciso comer logo.

T: Como você se sente, então?

P1: Eu me sinto poderoso! Viu só? Comi tudo, ninguém me viu! Sou um herói!

CENA 2

T: Mostre onde acontece sua cena.

P2 (Protagonista): É no banheiro. Estou comendo chocolate, escondida do meu marido, mas ele me pega.

T: Vamos ver a cena. Escolha alguém pra ser o seu marido e mostre como ele age nessas horas.

P2 (como marido): Você está comendo chocolate! Escondida! Eu não posso acreditar!

T: Vamos ver a cena. (Com a cena montada com o ego e a P.) O que aconteceu, para você estar comendo chocolate, aqui, no banheiro?

P2: Eu estou com muita raiva e vim me acalmar.

Ego (como marido): Você está comendo chocolate! Escondida! Eu não posso acreditar!

(P2 está paralisada, sem reação, só olha rapidamente para o marido e baixa a cabeça.)

T: Pense alto. O que você está sentindo?

P2: Eu sinto muita vergonha, muita vergonha (e baixa a cabeça).

P2 (Rapidamente levanta a cabeça): Mas eu lembro de outra cena em que eu consegui comer sem ele me ver e me senti muito bem, muito poderosa, uma vencedora!

T: Quem você precisa vencer tanto?

P2 (Parou e depois respondeu): A obesidade, mas tenho medo. É tão difícil!

T: Medo de não conseguir?

P2: É. E aí vou sentir muita vergonha.

T: Pare, respire e pense um pouquinho. Por esse momento, o que a ajudaria a não ter medo?

P2: Eu confiar mais em mim.

T: Tá. Como nossa proposta hoje foi trabalhar com vinhetas, vamos precisar fechar aqui. Então eu sugiro que você mande um recadinho para você mesma nesse sentido que falou: que precisa confiar mais em você mesma.

P2: Ei, Fulana, lembra de tudo que você já conseguiu? Então, você é capaz, sim! Experimente, que você consegue, mesmo que algumas vezes não funcione. O importante é você não desistir.

Cena 3

P3 (Protagonista): Nessa cena eu estou sozinha comendo, mas aparecem um anjinho e um diabinho.

T: Escolha o anjinho e o diabinho e mostre como eles fazem com você.

P3 (Com a cena montada, como anjinho): Não coma, não. Depois você vai ficar ruim, com peso no estômago e na cabeça. Você nem está com fome!

P3 (Como diabinho): Coma, sim! Essa é chance que você tem

de comer esse doce! Depois você pensa em dieta... Deixe pra amanhã. O que vale é o seu prazer hoje!

P3 (no seu papel, rodeada pelos dois egos – anjinho e diabinho): Ai, meu Deus, o que é que eu faço? Dá pra vocês dois calarem a boca e me deixarem em paz?

T (enquanto os egos continuam falando, cada um defendendo a sua opinião): Eles são sempre assim com você?

P3: Sempre!

T: O que você quer fazer?

P3: Eu quero comer o meu doce em paz.

P3 (Olhando e se referindo ao diabinho): Uma vezinha que eu coma, não vai ter problema. Amanhã a gente pensa em dieta, né?

Ego (como diabinho): É, coma logo, e curta o seu doce!! Vai!! Eu tiro esse anjinho chato daqui.

P3 (Comendo o doce): Isso!

T: Ok. Você comeu, como se sente?

P3: Eu sinto um sentimento de culpa enorme! De novo fui derrotada pela comida.

T: O que você costuma fazer quando se sente derrotada?

P3: Como.

T: Vamos pensar em outra alternativa, pois essa você acabou de ver e sentir que faz você sentir culpa de novo.

P3: Eu queria contar pra alguém que não me criticasse por isso e me compreendesse.

T: Para quem?

P3: Aqui, para as pessoas do grupo, quero ouvir o que elas acham.

T: Então, vamos compartilhar.

No compartilhamento, um membro do grupo, que não havia dramatizado, expressou que havia se mobilizado intensamente com todas as cenas, e que elas poderiam ser suas, se tivesse tido a coragem de mostrá-las. Agora se sentia tão revelado aos colegas que lhe era mais fácil reconhecer e procurar dentro de si o que o motivava a comer escondido.

Alguns compartilharam com ele o percurso, até chegar a assumir que comiam escondido e quanto, hoje, se sentem mais aptos a lidar com o ímpeto de comer e a suportar a frustração de não comer quanto e como queriam.

Eles expuseram como é difícil o caminho do equilíbrio, de se posicionar no meio: nem impotentes diante da comida e assim escravos dela, nem onipotentes, expondo-se a todas as situações de risco, mas sim encontrando o desejo e o poder real, que nos faz potentes e capazes.

Sobremesa e café com bate-papo final

A complexidade do psicodrama está nas múltiplas possibilidades que se associam à ação, a partir do manejo das técnicas.

Para lidar com essa complexidade, faz-se necessário reconhecer a subjetividade do terapeuta interligada a outras subjetividades presentes, para, com sensibilidade, estudo e treinamento, deixar-se guiar pelos indícios que o protagonista e o grupo oferecem.

Penso que o êxito psicoterapêutico, nesses casos, ocorre quando:

> O novo *status nascendi* da relação consigo mesmo e com o mundo, que a incorporação de uma realidade suplementar deflagra, se consolida depois, num processo do cotidiano, fora da cena dramática, pelo efeito cacho (*cluster*) no jogo comple-

> mentar dos mais variados papéis sociais. O que ocorre no palco psicodramático continua, pois, na vida e é este processo que chamamos de conseqüências de uma catarse de integração. (Perazzo, 1999, p. 192)

A superação de uma patologia multifatorial, como a obesidade, encontra terreno fértil na psicoterapia, diante da ação reparatória a sofrimentos emocionais complexos e, muitas vezes, de significados desconhecidos dos pacientes. Como grande parte dessa superação se concretiza na mudança de hábitos, ou seja, de comportamentos adquiridos, métodos de ação, como o psicodrama, disponibilizam as ferramentas mais eficazes.

Freqüentemente, ouço relatos de pacientes relacionando cenas psicodramáticas com cenas de seu cotidiano, e muitas vezes abordamos dramaticamente temas bem operacionais, como conseguir descansar os talheres na mesa enquanto se mastiga ou o tamanho dos pedaços levados à boca.

A vida se presentifica muito concretamente em cenas psicodramáticas, e as respostas às intervenções psicoterápicas em pacientes obesos transcendem a perda de peso corpóreo, por atingir a doença de base, que é a postura compulsiva diante da comida. Além disso, redescobrem-se protagonistas e aprendizes da vida, expandindo suas posturas e ações espontâneas e criativas para os diversos segmentos que a compõem.

Referências bibliográficas

AGUIAR, M. "Resenha do livro *Ainda e sempre psicodrama*, de Sérgio Perazzo". *Revista Brasileira de Psicodrama*, São Paulo, v. 3, fasc. 1, p. 103-5, 1995.

______. *Teatro espontâneo e psicodrama*. São Paulo: Ágora, 1998.

CUKIER, Rosa. *Palavras de Jacob Levy Moreno*: vocabulário de citações do psicodrama, da psicoterapia de grupo, do sociodrama e da sociometria. São Paulo: Ágora, 2002.

______. *Psicodrama das adições*: a luta entre a parte aditiva da personalidade e o verdadeiro eu. (Não publicado.)

______. *Psicodrama bipessoal*: sua técnica, seu terapeuta e seu paciente. São Paulo: Ágora, 1992.

______. *Sobrevivência emocional*: as dores da infância revividas no drama adulto. São Paulo: Ágora, 1998.

FONSECA, José. "Diagnóstico da personalidade e distúrbios de identidade". *Revista Brasileira de Psicodrama*, São Paulo, v. 3, fasc. 1, p. 21-29, 1995.

______. *Psicodrama da loucura*. 2. ed. São Paulo: Ágora, 1980.

______. *Psicoterapia da relação*: elementos do psicodrama contemporâneo. São Paulo: Ágora, 2000.

MORENO, J. L. *As palavras do pai*. Campinas: Psy, 1992.

______. *Fundamentos do psicodrama*. São Paulo: Summus, 1983.

______. *Psicodrama*. São Paulo: Cultrix, 1995.

______. *Psicoterapia de grupo e psicodrama*. Campinas: Psy, 1993.

______. *Quem sobreviverá?* Fundamentos da sociometria, psicoterapia de grupo e sociodrama. Goiânia: Dimensão, 1992.

NAFFAH NETO, A. *Psicodrama*: descolonizando o imaginário. São Paulo: Brasiliense, 1979.

PERAZZO, S. *Ainda e sempre psicodrama*. São Paulo: Ágora, 1994.

______. Fragmentos de um olhar psicodramático. São Paulo: Ágora, 1999.

As autoras

Ana Cristina Benevides Pinto

Psicóloga formada pela Universidade Federal do Ceará, psicodramatista didata psicoterapêutica e supervisora pela Federação Brasileira de Psicodrama (Febrap). Co-autora do livro *Histórias de um ex-obeso* (Manole, 2002), é psicoterapeuta da equipe transdisciplinar de tratamento da obesidade do Centro de Tratamento e Integração do Ser (Centiser), em Fortaleza (CE). Atua também como psicóloga escolar da Escola Risco e Rabisco, na mesma cidade.

Arlete Portella Fontes

Psicóloga clínica e organizacional, psicodramatista, analista bioenergética (CBT) pelo International Institute for Bioenergetic Analysis NY (IBBA), é mestranda em Gerontologia pela Unicamp.

Carmita Helena Najjar Abdo

Professora livre-docente do Departamento de Psiquiatria da Faculdade de Medicina da Universidade de São Paulo (FMUSP), é fundadora e coordenadora do Projeto Sexualidade (ProSex) do Instituto de Psiquiatria do Hospital das Clínicas da FMUSP, além de psicodramatista didata supervisora pela Febrap.

Fernanda Siqueira Ribeiro

Psicóloga, é especialista em Psicologia da Família e Realidade Social pela Faculdade Frassinetti do Recife (Fafire). Trabalha como assessora na Ação de Enfrentamento da Violência Sexual Infanto-Juvenil, na Secretaria de Desenvolvimento Social do Estado de Pernambuco.

Heloisa Junqueira Fleury

Psicóloga, pós-graduanda em Ciências pela Faculdade de Medicina da Universidade de São Paulo (FMUSP), supervisora em Psicoterapia do Projeto Sexualidade (ProSex) do Instituto de Psiquiatria do Hospital das Clínicas da FMUSP. É professora do Departamento de Psicodrama do Instituto Sedes Sapientiae e psicodramatista didata supervisora nos focos socioeducacional e psicoterápico pela Febrap.

Liana Fortunato Costa

Psicóloga, é terapeuta familiar, psicodramatista didata supervisora pela Febrap e doutora em Psicologia Clínica pela Universidade de São Paulo (USP). É docente permanente do Departamento de Psicologia Clínica da Universidade de Brasília (UnB) e membro da Associação Brasiliense de Psicodrama e Sociodrama (ABP).

Marlene Magnabosco Marra

Psicóloga e psicodramatista didata supervisora nos focos socioeducacional e psicoterápico pela Febrap, é coordenadora de ensino e professora do Instituto de Pesquisa e Intervenção Psicossocial (Interpsi). Formou-se mestra em Psicologia Social pela Universidade Católica de Brasília (UCB). É terapeuta familiar sistêmica pelo Instituto de Pesquisa e Intervenção Psicossocial (Interpsi), consultora escolar e coordenadora do

Comitê Organizador Local do 16º Congresso Internacional de Psicoterapia de Grupo.

PATRÍCIA OLIVEIRA LIRA

Psicóloga, é mestre em Psicologia Clínica pela Universidade Católica de Pernambuco (Unicap) e especialista em Intervenção Psicossocial à Família no Judiciário pela UFPE.

ROSALBA FILIPINI

Psicóloga e psicodramatista didata supervisora no foco psicoterápico, é mestre em Psicologia Clínica pela PUC-SP.

SHYRLENE NUNES BRANDÃO

Psicóloga, mestre em Psicologia Clínica pela Universidade de Brasília (UnB), é professora do curso de Psicologia da Universidade Católica de Brasília (UCB). No momento está fazendo o curso de formação em Psicodrama pelo Centro de Psicodrama de Brasília (CePB).

SUELY EMILIA DE BARROS SANTOS

Psicóloga, é mestre em Psicologia Clínica pela Universidade Católica de Pernambuco (Unicap). Psicodramatista didata supervisora nos focos psicoterapêutico e socioeducacional pela Febrap, faz parte do quadro profissional do Centro de Psicodrama e Sociodrama (Ceps) e da Associação Baiana de Psicodrama e Psicoterapia de Grupo (Asbap). É também especialista em Psicologia Social e da Personalidade pela Fafire e em Psicologia Clínica pelo CRP/02. Trabalha como assessora na Ação de Enfrentamento da Violência Sexual Infanto-Juvenil, na Secretaria de Desenvolvimento Social do Estado de Pernambuco.

dobre aqui

Carta-resposta
2146/83/DR/SPM
Summus Editorial Ltda.
CORREIOS

CARTA-RESPOSTA

NÃO É NECESSÁRIO SELAR

O SELO SERÁ PAGO POR

grupo editorial summus

AC AVENIDA DUQUE DE CAXIAS
01214-999 São Paulo/SP

dobre aqui

recorte aqui

EDITORA ÁGORA

CADASTRO PARA MALA-DIRETA

Recorte ou reproduza esta ficha de cadastro, envie completamente preenchida por correio ou fax, e receba informações atualizadas sobre nossos livros.

Nome:________ Empresa:________
Endereço: ☐ Res. ☐ Coml. ________ Bairro:________
CEP: ______-____ Cidade: ________ Estado: ____ Tel.: ( ) ________
Fax: ( ) ________ E-mail: ________ Data de nascimento: ________
Profissão:________ Professor? ☐ Sim ☐ Não Disciplina: ________

1. Você compra livros:

☐ Livrarias ☐ Feiras
☐ Telefone ☐ Correios
☐ Internet ☐ Outros. Especificar:________

2. Onde você comprou este livro?

____

3. Você busca informações para adquirir livros:

☐ Jornais ☐ Amigos
☐ Revistas ☐ Internet
☐ Professores ☐ Outros. Especificar:________

4. Áreas de interesse:

☐ Psicologia ☐ Comportamento
☐ Crescimento Interior ☐ Saúde
☐ Astrologia ☐ Vivências, Depoimentos

5. Nestas áreas, alguma sugestão para novos títulos?

____

____

6. Gostaria de receber o catálogo da editora? ☐ Sim ☐ Não

7. Gostaria de receber o Ágora Notícias? ☐ Sim ☐ Não

Indique um amigo que gostaria de receber a nossa mala-direta

Nome:________ Empresa:________
Endereço: ☐ Res. ☐ Coml. ________ Bairro:________
CEP: ______-____ Cidade: ________ Estado: ____ Tel.: ( ) ________
Fax: ( ) ________ E-mail: ________ Data de nascimento: ________
Profissão:________ Professor? ☐ Sim ☐ Não Disciplina: ________

Editora Ágora

Rua Itapicuru, 613 7º andar 05006-000 São Paulo - SP Brasil Tel (11) 3872 3322 Fax (11) 3872 7476
Internet: http://www.editoraagora.com.br e-mail: agora@editoraagora.com.br

cole aqui